T0157336

Printed in the United States
By Bookmasters

الاضطرابات الانفعالية والسلوكية

لدى الاطفال

الاضطرابات الانفعالية والسلوكية

لدى الاطفال

تأليف

الدكتور عماد عبدالرحيم الزغول

أستاذ مشارك – قسم الإرشاد والتربية الخاصة

كلية العلوم التربوية- جامعة مؤتة

الكرك/الاردن

2006

رقم الإيداع لدى دائرة المكتبة الوطنية
(2006/6/1557)

155.4

الزغول، عماد
الاضطرابات الانفعالية والسلوكية لدى الاطفال/ عماد
عبدالرحيم الزغول .- عمان: دار الشروق، 2006
ص ( )
ر.إ. : 2006/6/1557
الواصفات: سيكولوجية الاطفال//الاطفال//رعاية الطفولة//الاضطرابات
السلوكية/

● تم إعداد بيانات الفهرسة الأولية من قبل دائرة المكتبة الوطنية

(ردمك) ISBN 9957 - 00 - 278-3

(رقم الإجازة المتسلسل) 2006/6/1677

● الاضطرابات الانفعالية والسلوكية لدى الأطفال .

● الدكتور عماد الزغول .

● الطبعة العربية الأولى : الإصدار الأول 2006 .

دار الشروق للنشر والتوزيع
هاتف : 4618190 / 4618191 / 4624321   فاكس : 4610065
ص.ب : 926463   الرمز البريدي : 11110   عمان – الاردن

دار الشروق للنشر والتوزيع
رام الله: المنارة – شارع المنارة – مركز عقل التجاري هاتف 02/2961614
غزة: الرمال الجنوبي قرب جامعة الأزهر هاتف 07/2847003

■ الاخراج الداخلي وتصميم الغلاف وفرز الألوان و الأفلام :

دائرة الإنتاج / دار الشروق للنشر والتوزيع

هاتف : 4618190/1 فاكس 4610065 / ص .ب . 926463 عمان (11110) الأردن

Email : shorokjo@nol.com.jo

الإهداء

إلى جميع الاطفال أبناءنا

براعم المحبة والسلام وركائز المستقبل

أهدي هذا الجهد المتواضع

المؤلف

المحتويات

الفصل الأول
الاضطرابات الانفعالية والسلوكية

الفصل الثاني
الكشف عن الاضطرابات الانفعالية والسلوكية وتقييمها

المحتويات

الفصل الخامس

انواع الخدمات المقدمة للاطفال المضطربين انفعاليا وسلوكيا

الفصل السادس

اشكال الاضطرابات الانفعالية والسلوكية لدى الأطفال

الفصل السابع
الاضطرابات الانفعالية والسلوكيةلدى الأطفال

الفصل الثامن

الاضطرابات الانفعالية والسلوكية لدى الأطفال

بسم اللـه الرحمن الرحيم

مقدمة

والصلاة والسلام على سيدنا محمد وصحبه اجمعين.

يشكل الاطفال شريحة واسعة من اي مجتمع من المجتمعات الانسانية، اذ عليهم يتوقف مستقبل المجتمعات كونهم يعدّون من ركائزه المستقبلية. ونظراً لاهمية هذه الشريحة، نلحظ اهتماماً مشهوداً بهذه الشريحة من كافة مؤسسات المجتمع، ولا تتوقف عملية الاهتمام في مجال تقديم خدمات التعليم فحسب، لا بل تتعدى ذلك لتشمل المجالات الصحية والاجتماعية والسياسية.

هذا ويمتاز الاطفال عادة في المراحل العمرية المبكرة بالعديد من المظاهر السلوكية والتي تبدو في بعض ملامحها على انها دلائل اضطراب من مثل كثرة الحركة وعدم العناية بالذات وعدم الانتباه والطاعة والعدوانية وسرعة الاستثارة والغضب ومص الاصابع والغيرة والتبول اللاارادي وغيرها من المظاهر الاخرى. ومثل هذه المظاهر قد تكون طبيعية تنسجم مع خصائصهم النمائية، حيث تظهر في اطار محدود وفي اوقات محدودة، اذ انها تتلاشى تدريجيا مع النضج عبر مراحل النمو اللاحقة، حيث انها لا تشكل اي خطراً على تكيف الاطفال النفسي والاجتماعي. ولكن عندما تتفاقم مثل هذه الاعراض والمظاهر وتزداد في حدتها ومعدل تكرارها واستمراريتها، عندها تصبح مظهراً حقيقياً من مظاهر الاضطراب الانفعالي والسلوكي الذي يستوجب منا الانتباه والاهتمام والبحث عن اسبابه وعلاجه.

تتباين انواع الاضطرابات الانفعالية والسلوكية التي يعاني منها الاطفال من حيث شدتها، فمنها الشديدة والمعتدلة أو البسيطة، كما أنها تتنوع من حيث اسبابها وطبيعتها ومظاهرها، اذ منها ما يأخذ شكل السلوك اللااجتماعي المضاد للمجتمع مثل العدوان والتخريب، والاساءة والشجار والكذب والغش، ومنها ما يأخذ شكل عادات غير صحية مثل قضم الاظافر ومص الاصبع والفوضى وعدم الترتيب، في حين أن منها

13

يشكل مظاهر غير ناضجة مثل الحركة الزائدة وتشتت الانتباه والتأخر اللغوي والغيرة والتبول اللاارادي والتوحد وهناك مشكلات نفسية تتمثل بالشعور بعدم الامن والقلق والخوف والاكتئاب وغيرها من الاضطرابات الاخرى.

وبالرغم من ان الاتجاهات الحديثة تنزع الى اطلاق اسم الاضطرابات السلوكية على جميع الاضطرابات التي يعاني منها الاطفال، الا انه في هذا الكتاب استخدم مسمى الاضطرابات الانفعالية والسلوكية على اعتبار ان لجميع هذه الاضطرابات بعداً انفعالياً لا يمكن اغفاله.

هذا ويقع هذا الكتاب في ثمان فصول على النحو التالي:

الفصل الاول: ويتعرض الى مفهوم الاضطرابات الانفعالية والسلوكية وتصنيفاتها المختلفة الطبية والتربوية وتضيف جميعه علم النفس الامريكية بالاضافة الى تناول اسابها وخصائصها المميزة.

الفصل الثاني: ويتعرض الى اساليب الكشف عن الاضطرابات الانفعالية والسلوكية وكيفية تشخيصها وتقويمها متناولاً ادوات مختلفة مثل دراسة الحالة والتقديرات والملاحظة والمقابلة والمقاييس والاختبارات بالاضافة الى وسائل التشخيص والتقييم التربوي.

الفصل الثالث: ويتعرض الى ابرز الاتجاهات النظرية التي تناولت الاضطرابات الانفعالية والسلوكية ومن ابرزها نظرية التحليل النفسي والنظريات السلوكية والنظرية البيئية والنظرية البيوفسيولوجية.

الفصل الرابع: ويتعرض الى أنواع البرامج الارشادية والعلاجية المستخدمة مع الاطفال المضطربين انفعالياً وسلوكياً ولا سيما تلك التي تستند الى اجراءات نظرية التحليل النفسي والنظريات السلوكية والتدخل البيئي والتدخل البيوفسيولوجي.

الفصل الخامس: ويتعرض الى أنواع الخدمات المستخدمة مع الاطفال المضطربين انفعالياً وسلوكياً وتشمل الخدمات الاجتماعية والتربوية والنفسية والطبية.

الفصل السادس: ويتعرض الى بعض اشكال الاضطرابات الانفعالية والسلوكية لدى الاطفال من حيث اسبابها واعراضها وطرق علاجها وارشادها وتشمل اضطرابات

مثل الحركة الزائدة وتشتت الانتباه والتبول اللاارادي والتوحد واضطرابات النطق والكلام.

الفصل السابع: ويتعرض الى اشكال اخرى من الاضطرابات الانفعالية والسلوكية لدى الاطفال مثل الخجل والاعتمادية الزائدة والانسحاب الاجتماعي والسرقة والاكتئاب والعدوان والقلق، كما يتعرض الى اسباب هذه الاضطرابات واعراضها وطرق علاجها.

الفصل الثامن: ويتعرض الى بعض الاضطرابات الانفعالية والسلوكية الاخرى لدى الاطفال وتشمل قضم الاظافر ومص الاصبع والفوضوية وعدم الترتيب والهروب من المدرسة والكذب والتمرد والعصيان واحلام اليقظة.

يشكل محتوى هذا الكتاب مادة علمية يمكن لجميع الاطراف ذات العلاقة بالطفل الاستفادة منها في التعرف على الاضطرابات التي يعاني منها الاطفال من حيث اسبابها واعراضها وكيفية علاجها بحيث يمكن للمتخصصين النفسيين والمرشدين واخصائي التربية الخاصة والمعلمون والعاملين في الخدمة الاجتماعية والاباء والامهات الاستفادة منها في تربية الاطفال ومساعدتهم على التكيف السليم ومساعدتهم على التعلم والنمو والتطور. وكأي جهد بشري فهو لا يخلو من النقص او بعض العيوب وأني لاعتذر عن ذلك وارجو اللـه العلي العظيم ان يحقق هذا الكتاب الاهداف المتواخاه منه.

و اللـه ولي التوفيق

المؤلف

الفصل الأول

الاضطرابات الانفعالية والسلوكية
Emotional & Behavioral Disorders

- تمهيد
- مفهوم الاضطرابات الانفعالية والسلوكية
- تصنيف الاضطرابات الانفعالية والسلوكية
- التصنيف التربوي
- التصنيف الطبي
- تصنيف جمعية علم النفس الامريكية
- تصنيفات اخرى
- اسباب الاضطرابات الانفعالية والسلوكية
- العوامل التكوينية - الوراثية
- العوامل البيئية.

- خصائص الاضطرابات الانفعالية والسلوكية.

الفصل الأول

الاضطرابات الانفعالية والسلوكية

Emotional & Behavioral Disorders

تمهيد:

بات من المعروف ان الانسان اثناء نموه يمر في عدد من المراحل المتسلسلة والمتداخلة والتي تؤثر في بعضها البعض، وتمتد من المرحلة الجنينية (ما قبل الميلاد) وحتى مرحلة الشيخوخة؛ ومثل هذه المراحل عالمية وعامة لجميع افراد الجنس البشري، اذ ان الافراد من مختلف الثقافات والشعوب يمرون اثناء نموهم بالتسلسل ذاته. فالانسان اثناء مروره في هذه المراحل يفترض به تطوير بعض الخصائص: المعرفية والاجتماعية والانفعالية والحركية واللغوية، وتحقيق مطالب تتناسب وطبيعة كل مرحلة من مراحل النمو وذلك على نحو تنسجم فيه افعاله وانماطه السلوكية مع خصائص المرحلة النمائية التي يمر بها. تعد مرحلة الطفولة من ابرز المراحل النمائية، وهي أكثرها حساسية في حياة الافراد. وتنبع اهميتها من ان بدايتها وهي (فترة الرضاعة) تعد بداية تفاعل الفرد الحقيقية مع البيئة الخارجية، حيث يفترض بالفرد التوجه التدريجي نحو تحقيق الاستقلالية والاعتماد على الذات بعد أن كان في مرحلة ما قبل الولادة معتمداً اعتمادا كلياً على والدته في تلبية جميع احتياجاته. ففي مرحلة الطفولة بالرغم من نمو بعض القدرات والخصائص وتطورها لدى الفرد، الا انه مع ذلك، يبقى معتمداً على الاخرين في تلبية مطالبه وحاجاته؛ فهو بحاجة الى الرعاية والحب والحنان وتعلم المهارات

19

الاجتماعية والادوار المرتبطة بالجنس بالاضافة الى تعلم قواعد السلوك وبعض القيم والعادات والتي تسهم في نموه الانفعالي والاجتماعي لاحقاً. كما أنه في هذه المرحلة، بحاجة الى الغذاء المناسب والحماية لمساعدته على النمو الجسمي وتجنيبه الاصابة بالامراض والتعرض الى المخاطر، بالاضافة الى انه بحاجة الى تعلم بعض المهارات الحركية لمساعدته على التعامل مع المثيرات والسيطرة عليها وتعلم كذلك الكلام وبعض الخبرات اللغوية من أجل التواصل والتفاعل مع الآخرين.

وفي هذه المرحلة ايضا يحتاج الطفل الى تعلم انواعاً مختلفة من الخبرات المرتبطة به كذات انسانية ومعارف أخرى تتعلق بالاخرين والاشياء والمثيرات المادية والاجتماعية المحيطة به، بحيث تشكل مثل هذه المعارف والخبرات النواة الأولية لتطوير مهارات التفكير وتسهم في تطور العمليات العقلية المتعددة لديه (Crain, 2000). بالاضافة لما سبق. تكمن اهمية مرحلة الطفولة من حيث ان الافراد فيها بحاجة الى مطالب نمائية معينة يجب تحقيقها لديهم، وفيها كذلك تتوفر لدى الافراد استعدادات لتعلم خبرات من نوع معين يفترض بالمحيطين بالطفل استغلالها الاستغلال الامثل في توفير الفرص البيئية المناسبة لتمكين الطفل من التعلم واكتساب انماط السلوك السليم وتنمية المهارات والقدرات المناسبة . ان عدم تلبية مطالب هذه المرحلة واستغلال الاستعدادات المتاحة فيها ينعكس سلباً في نمو الافراد وتطور خصائصهم والذي بالتالي يؤثر في تكوين شخصياتهم المستقبلية ويعيقهم من عملية التكيف النفسي والاجتماعي.

وبالرغم من ان هناك تقسيمات عديدة لمراحل النمو، بعضها اكثر تفصيلاً من بعضها الآخر، حيث يرى فريق من العلماء ان مراحل النمو تشمل:- مرحلة ما قبل الولادة، مرحلة الرضاعة، مرحلة الطفولة المبكرة، مرحلة الطفولة المتوسطة، مرحلة الطفولة المتأخرة، مرحلة المراهقة، مرحلة البلوغ والنضج، ومرحلة الشيخوخة، الا ان هناك العديد من التقسيمات ترى ان مرحلة الطفولة تمتد من الولادة وحتى مرحلة المراهقة؛ اي من السنة الأولى بعد الولادة وحتى سن الثامنة عشرة. (,Craig & Baucum (1999.

ومهما يكن من امر، فان الافراد عموماً يعانون من الكثير من الاضطرابات النفسية: الانفعالية والسلوكية في مرحلة الطفولة، ومثل هذه الاضطرابات تعيقهم في عمليات التكيف وتمنعهم من التعلم والاكتساب، وتكون في الغالب مزعجة وذات اثار ونتائج سلبية لا تنعكس اثارها على الافراد الذين يعانون منها فقط، لا بل تمتد لتطال الاخرين

المحيطين بالفرد، وقد تمتد لتؤثر في المجتمع ككل. هذا وتتباين الاضطرابات الانفعالية والسلوكية في اسبابها، فقد تكون ذات منشأ بيولوجي تكويني، أو وراثي او بيئي أو مزيجاً من هذه العوامل، وهي تتفاوت في طبيعتها واعراضها وخصائصها واثارها ومدى شدتها واستمراريتها، فمنها البسيطة ومنها المتوسطة والشديدة. كما ان بعض هذه الاضطرابات قد تسود في فترة عمرية معينة وتكون اثارها محدودة وتزول مع عمليات النضج، لكن البعض منها قد يستمر لفترات عمرية طويلة وتشتد اعراضها وتتفاقم نتائجها على نحو يؤذي الفرد والآخرين (U.S. Department of Health & Human Services,1999). وقد تتحول لتظهر في شكل اضطرابات ونوبات شخصية وبعض انواع الانحرافات الضارة التي تؤذي الافراد والمجتمع، ولا سيما اذا لم يتم اكتشافها والتعرف عليها ومعالجتها مبكراً.

إن الاضطرابات الانفعالية والسلوكية ليست قاصرة على فئة او ثقافة دون غيرها، فهي تسود وتنتشر في كافة الثقافات والمجتمعات، الا انها تتفاوت من حيث مدى انتشارها وفي مستوى شدتها وفي انواعها من مجتمع لاخر تبعاً لاختلاف الموقع الجغرافي وطبيعة المناخ ونوعية الغذاء وانماطه بالاضافة الى فلسفة التربية السائدة واساليب التنشئة والرعاية الاجتماعية.

مفهوم الاضطرابات الانفعالية والسلوكية:

Emotional & Behavioral Disorders

ينشغل الاطفال في مرحلة الطفولة بعض الاحيان في ممارسة انماطاً سلوكية تبدو غريبة وتتصف بالنشاط الزائد وسرعة الاستثارة وعدم الانتباه، وكثرة الحركة والعدوانية وتقلب المزاج وسرعة الانفعال، ومثل هذه الانماط تعد طبيعية تنسجم مع خصائص المرحلة طالما انها تحدث بصورة مؤقته وفي اوقات متباعدة. ولكن مثل هذه الانماط وغيرها تصبح خطيرة ومؤشراً على الاضطرابات عندما لا تكون منسجمة مع المرحلة النمائية أو عندما تصبح سمة تلازم الاطفال بحيث يتكرر ظهورها في اغلب الاوقات في المواقف الحياتية المتعددة وتزداد في مستوى شدتها، الامر الذي يستدعي من المربين الانتباه اليها والعمل على تشخيصها وعلاجها.

ليس من السهل ايجاد تعريف واضح ومحدد للاضطرابات الانفعالية والسلوكية التي تسود في مرحلة الطفولة، وذلك لانها تشتمل على شريحة واسعة من الاعراض

والمشكلات التي تتباين في اسبابها ومستوى شدتها وفي اثارها ومدى استمرارها. فالاضطرابات الانفعالية والسلوكية كثيرة ومتعددة وتكاد تشترك فيما بينها من حيث انها تعيق الطفل من الاستفادة من طاقاته وقدراته واستخدامها على نحو فعال في عمليات التعلم والاكتساب وفي التفاعلات الاجتماعية مما ينعكس ذلك في تدني مفهوم الذات لديه ،الامر الذي ينتج عنه سوء تكيفه النفسي والاجتماعي.

)Hallahan & Kauffman,1979ويرى هاليهان وكوفمان (

ان صعوبة الاتفاق على تعريف واضح ومحدد للاضطرابات الانفعالية والسلوكية يرجع الى عدد من الاسباب والعوامل، يمكن اجمالها على النحو التالي:

1. الافتقار الى وجود تعريف واضح ومحدد لمفهوم الصحة العقلية.
2. الاختلاف في وجهات النظر بين الاتجاهات والنماذج النظرية والمفاهيمية ذات الاهتمام بالاضطرابات الانفعالية،
3. صعوبة قياس الاضطرابات الانفعالية والسلوكية.
4. التباين بين الانماط الانفعالية والسلوكية لدى كل من الاطفال العاديين والاطفال المضطربين.
5. التداخل بين اعراض الاضطرابات الانفعالية وحالات الاعاقة الاخرى.
6. الاختلاف بين اركان التنشئة الاجتماعية من حيث وظائفها ونوعية الخدمات التي تقدمها والاسس التي تتبعها في تصنيف الاضطرابات السلوكية والانفعالية.
7. الاختلاف في التوقعات الاجتماعية والثقافية حول السلوك السوي وغير السوي.

واعتماداً على ذلك، نجد ان غالبية التعريفات للاضطرابات الانفعالية والسلوكية ركزت على بعدين هما التفاعل الاجتماعي والتعلم. ففي هذا الصدد، نجد ان ودوي (Woody,1969) عرّف الاضطرابات الانفعالية والسلوكية على انها عدم القدرة على التكيف مع معايير السلوك الاجتماعي المقبول والذي ينعكس سلبا في قدرة الفرد على تكوين العلاقات الاجتماعية والاستمرار فيها وفي قدرة الفرد على النجاح في المهارات الاكاديمية. اما بور (Bower,1978) فيعتبر الفرد مضطرباً انفعاليا وسلوكيا عندما يتصف بواحدة أو أكثر من الصفات التالية والتي تستمر لديه فترة طويلة تتجاوز الثلاثة اشهر بحيث تؤثر سلبياً في قدرات التحصيل لديه، وهذه الصفات هي:

(Kneedler & Hallahan & Kauffman,1984)

أولاً: عدم القدرة في الاستغراق في العلاقات الاجتماعية وتكوين الصداقات مع الاقران والاخرين والاستمرار في مثل هذه العلاقات.

ثانيا: التصرف غير اللائق في المواقف الحياتية والاجتماعية والانشغال في ممارسة انماطا سلوكية غير ناضجة ومؤذية لا تتناسب والمرحلة النمائية.

ثالثا: عدم القدرة على التعلم والاكتساب بالرغم من عدم وجود عوائق جسمية أو حسية أو عقلية تحول دون ذلك.

رابعا: تقلب المزاج والشعور بعدم الاستقرار والراحة والسعادة .

خامساً: الميل الى اظهار بعض المشكلات الجسمية مثل اضطرابات الكلام والشكوى من الآلام ومشكلات انفعالية مثل الخوف والقلق بالاضافة الى المشكلات الاكاديمية.

مما سبق، نلاحظ ان الافراد المضطربين انفعاليا وسلوكيا غالبا ما يمارسون انماطا سلوكية شاذة غير لائقة اتجاه الاخرين، ومثل هذه السلوكات لا تكون منسجمة ومتوافقة مع المعايير الاجتماعية للسلوك المقبول ولا تتفق مع توقعات الاخرين، وهي في الغالب غير ناضجة ومزعجة تؤثر في تفاعلات الفرد مع محيطه وفي قدرته على توظيف القدرات العقلية المتوفرة واستغلالها على النحو الامثل في عمليات التعلم وحل المشكلات (Erickson, 1998).

تصنيف الاضطرابات الانفعالية والسلوكية

Emotional & Behavioral Disorders Classification

تعاني عملية تصنيف الاضطرابات الانفعالية والسلوكية من مشكلة عدم وجود معيار او اسلوب ثابت ومحدد يمكن على اساسه توزيع الافراد المضطربين الى مجموعات متجانسة (Pacer Center, 2001). وقد يرجع السبب في ذلك الى وجودعدد من الاعتبارات والاشكالات التي قد تجعل بالفعل من عملية التصنيف مشكلة حقيقية، وهذه الاعتبارات تتمثل بما يلي:

1. كثرة وتعدد الاضطرابات الانفعالية والسلوكية التي يعاني منها الاطفال في مرحلة الطفولة والتي تتباين في مسبباتها واعراضها ونتائجها ومستوى استمراريتها.

2. نمطية السلوكات المرتبطة بالاضطرابات الانفعالية والسلوكية، حيث يتبدى للبعض

منها في اشكال السلوك الخارجي الموجه نحو الاخرين مثل الازعاج والعدوان والاعتداء على الاخرين والاندفاعية والتهجم والسرقة وعدم الامتثال للاوامر، في حين بعضها الاخر يتمثل في انماط السلوك الداخلي الموجه نحو الذات مثل الخجل والانسحاب والخوف والقلق وتدني مفهوم الذات وفقدان الشهية.

3. تباين اسس ومعايير التصنيف تبعا لتعدد الجهات المهتمة بالاضطرابات الانفعالية والسلوكية، واختلاف اهتماماتهم واهدافهم ووجهات نظرهم حول هذه الاضطرابات. فنجد من بين المهتمين القانونيين والاطباء والتربويين واخصائي التربية الخاصة والعاملين في مجال الارشاد والتوجيه النفسي واخصائي الرعاية الاجتماعية، ولكل من هؤلاء اسس خاصة في التصنيف، وهذا الامر بالتالي يترتب عليه فقدان عناصر الثقة والمصداقية باسس التصنيف المتبعة لدى كل فئة من هذه الفئات وعدم قبولها من قبل الاطراف الاخرى.

4. عدم وجود حدود فاصلة بين العديد من الاضطرابات الانفعالية والسلوكية، اذ ان البعض منها يشترك في الخصائص والاعراض التي تتسم بها الاضطرابات الاخرى؛ اي تداخلها معا من حيث الخصائص والاعراض السلوكية .

وانطلاقاً من ذلك، تواجه عملية تصنيف الاضطرابات الانفعالية والسلوكية العديد من الصعوبات التي يجب اخذها بعين الاعتبار (Hallahan & Kauffman,1979). وتتمثل هذه الصعوبات بما يلي:

1. افتقار الانظمة المتبعة في التصنيف لعوامل الصدق والثبات.
2. الاعتبارات القانونية والاخلاقية عند تناول هذه الاضطرابات.
3. اختلاف انظمة التصنيف المتبعة في تصنيف الاضطرابات لدى الاطفال عنها لدى المراهقين.
4. اسباب المنشأ المرضي لهذه الاضطرابات.

وعموما يوجد هناك عدداً من التصنيفات للاضطرابات الانفعالية والسلوكية نورد بعضاً منها:

اولا: التصنيف التربوي: Educational Classification

يُعنى هذا التصنيف بالاضطرابات الانفعالية والسلوكية التي تحدث في البيئة

المدرسية وتنعكس اثارها في عمليات التعلم والتفاعل الاجتماعي؛ فهو يهتم بالمسائل الاكاديمية وبنوعية الخدمات والبرامج التربوية التي على اساسها يتم تصنيف مثل هذه الاضطرابات، حيث يصنفها في اربعة فئات هي:

1. اضطرابات الاتصال والتواصل.
2. الاضطرابات الانفعالية الشديدة.
3 الاضطرابات السلوكية.
4. الاضطرابات المرتبطة بالتعلم.

ثانيا: التصنيف الطبي: Medical Classification

يركز هذا التصنيف على الاسباب العضوية التي تقف وراء الاضطرابات والاعراض المرتبطة بها، ويصنفها في اربعة مجموعات على النحو التالي:

1. اضطرابات تطور اللغة النمائية.
2. الاضطرابات الفصامية.
3. الاضطرابات الاكتئابية الناتجة عن التعرض لعملية جراحية او صدمة أو حوادث مؤلمة.
4. اضطرابات تطور القراءة.

ثالثا: تصنيف جمعية علم النفس الامريكية U.S. Association of Psychology

تورد جمعية علم النفس الامريكية في دليلها التشخيصي للامراض العقلية المعروف باسم الدليل التشخيصي والاحصائي الرابع للامراض النفسية " Diagnostic & Satatistical Manual of Mental Disorders- Forth Edition - DSM- IVس

تصنيفا للاضطرابات الانفعالية والسلوكية التي تظهر لدى الاطفال والمراهقين اعتماداً على طبيعة الاعراض المرتبطة بها ونوعية الخدمات والبرامج العلاجية المناسبة لكل منها. يشتمل هذا التصنيف على شريحة واسعة من الاضطرابات الانفعالية والسلوكية فيما يلي وصفا لبعضها   (Pacer Center, 2001)

اولا: اضطرابات التكيف : Adjustment Disorders

تشكل هذه الاضطرابات ما نسبته 5% - 20% من مجموع الاضطرابات التي يعاني منها الاطفال، وتتمثل في اشكال من السلوك مثل عدم الاستجابة على نحو مناسب للمواقف والاحداث الضاغطة أو التغيرات التي يصادفها الافراد اثناء حياتهم، وتمتاز هذه الاضطرابات بانها تلازم الاطفال لمدة تتراوح ما بين (3) الى (6) اشهر بحيث تعيقهم من عملية التكيف الاجتماعي وتحقيق النجاح الاكاديمي، وهي تشمل شريحة واسعة من الاعراض كالخوف والقلق والتهرب من المدرسة والتخريب المتعمد والمشاجرة.

ثانيا: اضطربات القلق:Anxiety Disorders

وهي مجموعة من الاعراض التي تمتاز بمستوى عالى من التوتر وتشمل الخوف المرضي من المدرسة والسلوك التجنبي والذعر الشديد واضطراب ما بعد التعرض الى حادث معين. وفي الغالب تكون مثل هذه الاضطرابات مصحوبة باعراض جسمية مثل الصداع والالام المعدة أو أنها تتبدى في اشكال سلوكية مثل سوء التصرف والرفض والعناد، او تظهر على شكل استجابات انفعالية غير ناضجة كالصراخ والبكاء والرفس.

ثالثاً: اضطرابات السلوك القهري - الاستحواذي
Obsessive- Compulsive Disorders

يعاني حوالي 2% - 3% من الاطفال من اشكال السلوك القهري والاستحواذي والتي تسبب لهم الضيق والتوتر وتعيقهم من الأداء الاجتماعي والاكاديمي. وتتمثل انماط السلوك الاستحواذي في سيطرة افكار واوهام وتخيلات ودوافع غير واقعية على تفكير الطفل وعلى نحو متكرر. اما انماط السلوك القهري فتتمثل في تكرار افعال وانشطة أو ترديد افكار مثل تكرار كلمات معينة بصوت منخفض، أو غسل اليدين المتكرر، أو المبالغة في التحقق كفحص الاشياء وتكرار عمليات العد وغيرها وذلك بقصد تقليل التوتر او القلق الذي يعاني منه الفرد، وفي الواقع فان الاطفال الذين يعانون من هذه الاضطرابات يعرفون تماماً ان سلوكاتهم غير عادية وهي ليست ضرورية ولكنهم يصرّون على ادائها ،من اجل الاستمرار في الروتين الذي تعودوا عليه ولا يستطيعيون التخلص منه.

رابعاً: اضطرابات ما بعد التعرض لحادثة اوصدمة

Post- Traumatic Stress Disorders

يطور الاطفال عادة بعض انماط السلوك غير العادي نتيجة لتعرضهم لصدمة معينة أو مرورهم في عملية جراحية او بسبب تعرضهم لاحداث وازمات خطيرة أو نتيجة لمشاهدتهم حادثة موت لقريب لهم. ومثل هذه الاعراض عادة تحدث بعد مرور شهر واحد من تعرضهم للخبرات المؤلمة أو المقلقة، وتتبدى في الخوف الشديد والعجز وصعوبة النوم والاحلام والكوابيس المزعجة، بحيث تسيطر على انشطتهم الحياتية اليومية وتعيقهم من السيطرة على المهارات المتعلمة حديثا مثل العناية بالذات واستخدام الحمام او السيطرة على المهارات اللغوية.

خامسا: الصمت (الخرس) الاختياريElective or Selective Mutism

يتمثل هذا الاضطراب في حالة فشل الفرد في التحدث في مواقف اجتماعية او اكاديمية محددة عندما يتوقع او يفترض منه الحديث. تشير نتائج الابحاث الى أن هذا الاضطراب قد يبدأ عند الطفل قبل سن الخامسة من العمر ولا يكتشف الا بعد دخوله المدرسة، ومثل هذا الاضطراب يؤثر في التحصيل الاكاديمي والتواصل الاجتماعي للفرد. عموماً تُعد هذا الاضطرابات من الاضطرابات نادرة الحدوث، وقد يستمر لعدة اشهر لدى الفرد ثم يتلاشى على الرغم من ان القليل من الافراد يبقون صامتين ولا يتكلمون طوال فترة دراستهم الاكاديمية.

سادسا: اضطرابات عجز الانتباه / النشاط الزائد

Attention Deficit / Hyperactivity

تشير بعض الدراسات الى ان هذا الاضطراب يسود لدى%5-%3 من الاطفال، في حين تشير دراسات اخرى الى أن نسبه تواجده تتراوح ما بين %10-%5. يظهر هذا الاضطراب في عدة اعراض وانماط سلوكية غير ناضجة لا تتناسب مع مستوى التطور النمائي للطفل، مثل عدم القدرة على التركيز والانتباه وكثرة التنقل والحركة والاندفاعية. يرى بعض الاطباء انه بالامكان التعرف على هذا الاضطراب وتشخيصه في مرحلة الرضاعة، ولكن الاغلبية من الاطباء يفضل الانتظار ريثما يتم التأكد من ان مثل هذه

الاضطرابات تعيق فعلا الاداء السلوكي والاكاديمي حتى يتم تصنيف الطفل على انه فعلا يعاني من هذا الاضطراب.

سابعاً: الاضطرابات السلوكية Oppositional Defiant Disorders:

تشكل هذه الاضطرابات ما نسبته 2%-6% من مجموع الاضطرابات الانفعالية والسلوكية السائدة لدى الاطفال والتي تستمر لمدة ستة اشهر او أكثر، وتتمثل في انماطاً سلوكية غير مقبولة اجتماعيا مثل السلبية والتحدي والعناد وعدم الطاعة ومعاداة رموز السلطة. وبالرغم من ممارسة الاطفال لهذه الانماط السلوكية الا انهم لا يظهرون سلوكيات عدوانية تجاه الاخرين او الحيوانات او نحو الممتلكات وذلك لانهم ينزعون نحو المجادلة ورفض الأوامر والتعليمات والازعاج المتعمد للاخرين وتوجيه اللوم لهم.

ثامنا: اضطرابات سوء التصرف Conduct Disorders:

تتراوح نسبة هذه الاضطرابات بين 6%-16% عند الذكور و بين 2%-9% عند الاناث، وتمتاز هذه الاضطرابات في الاصرار المتكرر والمتعمد لممارسة انماطاً سلوكية تعارض القواعد والمعايير الاجتماعية للسلوك المقبول بحيث تأخذ شكل معارضة الوالدين والهروب من البيت والهروب من المدرسة والاعتداء اللفظي والجسدي على الاخرين وكذلك تخريب الممتلكات والحاق الأذى بالحيوانات. هذا وقد تتطور لاحقاً لتأخذ شكل الانحراف الجنسي والادمان على الخمر والمخدرات والتدخين والاهمال والتهور والمغامرة.

تاسعاً: اضطرابات الشهية Anorexia Nervosa Disorders

تظهر مثل هذه الاضطرابات نتيجة الصورة السلبية والمشوهة التي يشكلها الافراد حول اجسامهم وذواتهم، وهي في الغالب اكثر انتشاراً لدى المراهقين ولا سيما لدى الاناث، حيث ينظرن الى اجسادهن على أنها بدينة وغير جذابة، مما يولد لديهن الشعور بضرورة انقاص وزن الجسم وتجنب تناول الطعام او انواعاً معينة منه. تمتاز اعراض هذا الاضطراب بالنقص الحاد في وزن الجسم، وجفاف الجلد وفقدان الشعر

وانخفاض ضغط الدم والاكتئاب والامساك والانشغال في انماط سلوكية غريبة مثل اخفاء الطعام او الامساك عن تناوله.

عاشراً: اضطرابات الشرة للمرضى: Bulimia Nervosa Disorders

ان أهم ما يميز هذا الاضطراب هو انهماك الفرد في تناول كميات كبيرة ومتنوعة من الطعام ثم اللجوء الى احدى الوسائل للتقليل من اثار هذا الطعام، مثل اللجوء الى التخلص منه من خلال عملية التقيئ المتعمد أو استخدام المسهلات او الصوم او اتباع نظام حمية صارم لتقليل اثر الافراط في تناول الطعام في زيادة الوزن. أن مثل هذه الاضطرابات ينتج عنها اثار سلبية مثل اضطراب الدورة الشهرية لدى الاناث والتعب وضعف العضلات والمعاناة من مشكلات الهضم وعدم القدرة على التكيف مع الطقس البارد.

حادي عشر: الاضطرابات ثنائية القطب/ اضطرابات الهوس الاكتئابي

:Bipolar Disorder: Manic Depressive Disorder

وهي عبارة عن ردات فعل انفعالية واكتئابية تتذبذب في مستوى شدتها من موقف الى اخر، حيث تكون منخفضة في بعض المواقف وفي مواقف اخرى شديدة وحادة ، وغالبا ما تسود مثل هذه النوبات الانفعالية في مرحلة المراهقة وما بعدها.

ثاني عشر: اضطرابات الاكتئاب:Major Depressive Disorders

وهي عبارة عن نوبات انفعالية تظهر لدى الاطفال على فترات يفصل بينها شهرين وتتمثل في سرعة الاثارة والتهيج والغضب وعدم القدرة على الاستمرار في الاتصال مع الاخريين. وعموماً ان المظاهر الاكتئابية التي تظهر لدى الاطفال تكون اقل حدة واستمراراً من تلك التي يخبرها الافراد البالغين.

ثالث عشر: اضطرابات التوحد:Autistic Disorders

وهي من الاضطرابات الشائعة لدى الاطفال وتنطوي على خلل وتعطيل في قدرة الطفل على التفاعل الاجتماعي والتواصل مع الاخرين. فالتوحد هو بمثابة اعاقة نمائية تتبدى في فشل الطفل من تكوين العلاقات مع اقرانه من نفس العمر، أو حتى توليد

الميل أو الرغبة لديه في تشكيل أو الانشغال في علاقات الصداقة. ومثل هذا الاضطراب لا يرتبط بانماط السلوك اللفظي وانما يتعدى ذلك ليشمل انماط السلوك غير اللفظية.

رابع عشر: الاضطرابات الشيزوفرينيه Schizophrenia

وهي اضطرابات انفعالية شديدة تمتاز بمجموعة من التقلبات الشخصية وفقدان القدرة على الاتصال بالواقع والبيئة المحيطة، بحيث تتبدى اعراضها في الهلوسات والاوهام والحديث غير المنتظم والسلوك التخشبي، ومثل هذه الاضطرابات قد تظهر لدى 0.5%- 1% من الاطفال.

خامس عشر: الاضطرابات التورتية Tourtteص s Disorders

وتوجد مثل هذه الاضطرابات لدى (4 أو 5) افراد من بين كل (10.000) فرد وتشتمل على عدد من التقلصات الحركية اللاارادية او على استجابة او عدد من الاستجابات الصوتية غير الارادية والتي تتكرر يومياً عبر فترات وتستمر لمدة عام أو أكثر.

رابعاً: تصنيفات اخرى Other Classifications

هناك تصنيفات اخرى للاضطرابات الانفعالية والسلوكية تجمع بين عدد من الابعاد وتراعي الى حد ما الاهتمامات المختلفة الطبية والتربوية والاجتماعية والقانونية ومنها:

أ. تصنيف كوي (Quay, 1975)

يصنف كوى الاضطرابات الانفعالية والسلوكية الى اربعة ابعاد اعتماداً على ملاحظات وتقديرات الاباء والمعلمين والاطباء ودراسة الحالة وتوظيف قوائم التقدير وذلك بعد استخدام البرامج الاحصائية المحوسبة على البيانات، حيث توصل الى تصنيف رباعي الابعاد للاضطرابات تتمثل بالآتي:(Kneedler etal, 1984).

1. اضطرابات عدم النضج: وتتمثل في عجز الانتباه والنشاط الزائد، والفوضوية والفشل في انجاز المهمات والاحلام والاتكالية والانانية والتوحد.
2. اضطربات سوء التصرف: ومنها عدم الطاعة والتمرد والعصيان وعدم الثقة

بالاخرين والتحدي، والتهجم وعدم الاستجابة لمطالب واوامر الكبار.

3. اضطرابات الشخصية: ومنها الانسحاب والخجل والاكتئاب والقلق وسرعة الاثارة والتهيج وتدني الثقة بالذات والتوتر.

4. الانحرافات الاجتماعية: ومنها السرقة والتخريب والعدوان والتهرب من المدرسة. والميل الى الاطفال المنحرفين والولاء لهم.

ب. يورد عبدالله (2001) تصنيفا اخر يشتمل عدداً من الفئات على النحو التالي:

1. اضطرابات السلوك غير الناضج: ويشتمل عدداً من الاضطرابات والمشكلات الانفعالية والسلوكية مثل عجز الانتباه والنشاط الزائد والاندفاعية واحلام اليقظة والانانية والاعتماد على الاخرين والتوحد.

2. اضطرابات القلق وعدم الشعور بالامن وتشمل القلق والخوف والاكتئاب والخجل والسلوك القهري والاستحواذي والحساسية المفرطة.

3. اضطرابات العادات السلوكية: وتشمل مص الابهام وقضم الاظافر والتبول اللاارادي واضطرابات النوم ومشكلات التغذية، واضطرابات النطق كالتأتأة والتلعثم.

4. مشكلات الصداقة والعلاقات مع الاخرين: وتشمل العدوانية، والتنافس والغيرة، والانطواء .

5. اضطرابات السلوك اللااجتماعي: ويضم العصيان والتمرد والسرقة والكذب والغش والهروب من المدرسة، والمنزل والتخريب الخ..

6. مشكلات سلوكية اخرى: وتشمل تعاطي العقاقير الطبية والادمان على المسكرات والمخدرات والتدخين وممارسة السلوك الجنسي الخاطئ وضعف الدافعية نحو الدراسة وممارسة العادات الدراسية الخاطئة.

اسباب الاضطرابات الانفعالية والسلوكية

Causes of Emotional & Behavioral Disorders

لا يمكن الجزم بالاسباب الحقيقية التي تقف وراء الاضطرابات الانفعالية والسلوكية وذلك لان مثل هذه الاضطرابات لم تعطى الاهتمام الكافي في محاولة لتحديد اسبابها.

31

وهي كذلك تشتمل على العديد من الحالات التي تتراوح في شدتها بين الشديدة والمتوسطة والمتدنية الشدة والتي لا تعرف اسبابها (Kneeedler etal, 1984).

وبالرغم من ان البعض يرجع اسباب الاضطرابات الى مجموعة من العوامل التكوينية - الوراثية والبيئة، لا يمكن القول ان مثل هذه العوامل تقف وراء جميع الاضطرابات نظراً لكثرتها وتعددها. فبعض الاضطرابات ربما ترجع في اسبابها الى عوامل تكوينية أو وراثية، في حين بعضها الآخر قد تسبب بفعل العوامل البيئية، وهناك البعض الاخر قد تكون نتاج لتفاعل مزيج من العوامل الوراثية والبيئة معاً(Costin & Draguns, 1989) . عموما يمكن تصنيف العوامل المحتملة التي تقف وراء مثل هذه الاضطرابات في المجموعات التالية:

أولاً: العوامل التكوينية - الوراثية Biological/ Gentic Factors

تشير الدلائل العلمية الى أن بعض الامراض النفسية والاضطرابات الانفعالية والسلوكية لها اصولها البيولوجية -الجينية، حيث بفعل العوامل الوراثية تتحدد الاستعدادات لدى البعض من الافراد للاصابة ببعض الامراض النفسية او تطويرالاضطرابات الانفعالية والسلوكية، ومثل هذه الاستعدادات تبقى كامنة ما لم يتم توفر الظروف البيئية المناسبة مثل الازمات الاجتماعية والعاطفية والاحداث المزعجة والصدمات والخبرات المؤلمة والقسوة والتهديد والحرمان وغيرها، بحيث تعمل مثل هذه العوامل على تنشيط الاستعدادات لديهم. فعلى سبيل المثال، تظهر الدلائل ان للاكتئاب والقلق وبعض الاضطرابات الانفعالية والسلوكية استعدادات جينيه موروثة، في حين ان بعضها الاخر لها اصولها العصبية (Davis & Palladino, 2004)، ممثلاً ذلك في الخلل في الجوانب الفيزلوجية الوظيفية للجهاز العصبي نتيجة تلف او تدمير بسيط في الخلايا العصبية، أو نتيجة للنشاط فوق العادي للخلايا العصبية، وذلك كما هو الحال في اضطراب ضعف الانتباه والنشاط الزائد (Quay, Routh & Shapiro,1987). كما يلعب الاضطراب في افراز الغدد دوراً بارزاً في نشوء الاضطرابات الانفعالية والسلوكية وتطورها، فالزيادة في افراز هرمون الثيروكسين الذي تفرزه الغدة الدرقية يتسبب في زيادة النشاط والحركة وسرعة التهيج لدى الاطفال، كما ان الافراط في افراز هرمون الباراثرمون الذي تفرزه جارات الدرقية يؤدي الى ضعف التناسق الجسمي والميل الى النوم والخمول وزيادة الحساسية والميل إلى المشاجرة، في حين

تتسبب الزيادة في افراز الهرمون الجنس التستوستيرون الى زيادة التهيج والمشكلات الاستحواذية والعدوانية. عموماً نلاحظ ان الاضطرابات في افراز الهرمونات التي تفرزها الغدد الصماء المختلفة تؤثر في التوازن الكيميائي للجسم بحيث يتأثر بها النشاط العصبي، وينتج عن ذلك تغييراً في الانماط السوكية للفرد.

ثانياً: مجموعة العوامل البيئية:Environmental/ Ecological Factors

تكاد تكون العوامل البيئية من أكثر العوامل التي تسبب الاضطرابات الانفعالية والسلوكية في مرحلة الطفولة. فالبيئة تمثل مجموع المثيرات المادية والاجتماعية التي يتفاعل معها الفرد منذ لحظة التكوين وحتى الممات، ومثل هذه المثيرات تلعب دوراً بارزاً في بناء شخصيته وتطوير خبراته واتجاهاته وميوله وتنمية قدراته والتي بلا شك تفصح عن نفسها في المظاهر السلوكية المتعددة.

ان تعرض الام الحامل الى الخبرات المؤلمة والمشكلات العاطفية والاجتماعية، والحوادث والمعاناة من الضغوط والامراض، بالاضافة الى تعاطيها المخدرات والمسكرات والادمان على التدخين وتناول العقاقير الطبية والتعرض الى اشعة (x) وسوء التغذية وعوامل التكوين وغيرها من العوامل الأخرى التي تتعرض لها الام الحامل تؤدي الى اضطرابات في افراز الغدد لديها وتغير التركيب الكيميائي في دمها، مما ينعكس سلبا في نمو جنينها وفي خصائصه وانماطه السلوكية (Berk,2001). لقد اظهرت نتائج العديد من الدراسات بهذا الشأن، ان العديد من المشكلات الانفعالية والسلوكية التي يمارسها الاطفال هي نتائج للخبرات المؤلمة وغير السارة التي تعاني منها الام الحامل. فالعصبية وتقلب المزاج وكثرة الحركة وضعف الانتباه وسرعة التهيج والخمول والعدوانية ونوبات القلق والاكتئاب وضعف التآزر الحركي وغيرها من الاضطرابات الاخرى ترتبط الى درجة كبيرة في اسبابها الى مثل تلك الخبرات التي تمر بها الام الحامل (الدنشاري، 2002).

كما تلعب العوامل البيئية دوراً بارزاً في الاضطرابات الانفعالية والسلوكية لدى الاطفال في مراحل بعد الولادة. فالبيئة الخارجية تمثل الوسط الحقيقي الذي يتفاعل معه الفرد، ومن خلاله تتبلور الاستعدادات الوراثية لديه وتنمو قدراته ووظائفه ويكتسب خبراته ومعارفه ويطور اتجاهاته وميوله وانفعالاته، ويتعلم العادات والتقاليد واللغة

وقواعد السلوك (Berk, 2001). واعتمادا على طبيعة الخبرات ونوعية المثيرات الاجتماعية والمادية التي يتعرض لها الفرد ويتفاعل معها يتحدد المستوى النمائي لديه والذي على اساسه تتمايز افعاله وانماطه السلوكية.

تمثل الاسرة الوسط الاجتماعي الاول الذي ينشأ فيه الطفل ويتفاعل معه ويعتمد الى درجة كبيرة عليه في تلبية احتياجاته وتنمية قدراته ومعارفه ومهاراته. فعلاقة الطفل بامه هي اول العلاقات التي يشكلها وهي من أكثرها اهمية في نموه وتطور شخصيته. فالام هي المصدر الاول الذي يشبع حاجاته البيولوجية ويقدم له الدعم والحماية والحب والحنان وغيرها من الحاجات النفسية الاخرى (Berk, 2001). ان اتجاهات الام نحو طفلها ونوعية الخدمات التي تقدمها له تؤثر في نموه السليم وفي تطور خصائصه وانماطه السلوكية. فالحماية الزائدة والخوف الشديد على الطفل والدلال قد يسهم في توليد مظاهر انفعاليه وسلوكيه غير مقبولة لدى الطفل مثل الاتكالية، وقلق الانفصال والغيرة والتمرد.

اما الاهمال والتجاهل وعدم اشباع حاجات الطفل وتقديم الحب والحنان له واستعمال اساليب التهديد والعقاب والقسوة في تدريبه ورعايته وغيرها من اساليب الرعاية السلبية، فقد تتسبب في نشوء الاضطرابات الانفعالية والسلوكية لديه من مثل العدوانية وفقدان الثقة بالاخرين، وتدني مستوى مفهوم الذات، واضطرابات النطق والقلق والانطوائية والتمرد والعصيان والى غير ذلك من الاضطرابات الانفعالية والسلوكية الاخرى (Erickson, 1998).

ولا يقتصر دور الاسرة في التأثير في خصائص الطفل بدور الام فحسب، لا بل . ويسهم الاب في ذلك من خلال اساليب الرعاية والتربية التي يتبعها مع اطفاله وفي علاقته مع الزوجة. فالشك والاهمال والحاق الاذى بهم وضربهم وعقابهم وعدم مراقبتهم، بالاضافة الى خلافاته وشجاره المتكرر مع الزوجة والابناء تسهم الى درجة كبيرة في تطور الاضطرابات الانفعالية والسلوكية لدى الاطفال (,Smith & Luckasson 1992). ومن أبرزها سلوك التجنب والقلق وفقدان الثقة بالاخرين والهروب من البيت والاكتئاب.

وثمة عامل اخر يرتبط بالاسرة قد يتسبب في حدوث الاضطرابات الانفعالية والسلوكية يتمثل في المواقف الضاغطة الناتجة بفعل الازمات الاقتصادية والمشكلات

الاجتماعية التي تعاني منها الاسرة، بالاضافة الى وجود النماذج السيئة، ممثلا ذلك في الاب أو الام او الاخوة والاخوات (الريماوي، 1998). ويضاف الى ذلك الاساليب الغذائية المتبعة بالاسرة ونوعية الطعام وانماطه، فهي بلا شك تسهم الى درجة ما في تطور بعض الاضطرابات الانفعالية والسلوكية لدى الاطفال.

اما البيئة الثانية التي يتفاعل الفرد مع مثيرتيها فتتمثل في رياض الاطفال والمدارس الرسمية. فهي تشكل مؤسسات اجتماعية - تربوية تعنى بعملية التربية ونقل التراث الثقافي للاجيال ومساعدتهم على النمو المتكامل في كافة جوانب شخصيتهم من خلال اكسابهم المعارف والمعلومات وتطوير قدراتهم العقلية وتنمية الجوانب الانفعالية والاجتماعية والاخلاقية والمهارات اللغوية والحركية لديهم.

ان لنوعية الخبرات التي يتعرض الاطفال لها في المدرسة اثرا بارزاً في ظهور الاضطرابات الانفعالية والسلوكية لديهم. فوجود اقران السوء والصحبة السيئة والاحتفاظ بعلاقات مضطربة مع الاخرين من اطفال ومعلمين، بالاضافة الى تذبذب اساليب المعاملة من قبل المعلمين والاسراف في استخدام النقد والتهكم والسخرية والعقاب من قبلهم واتباع الاساليب التي تقوم على القمع والتلقين، وعدم التسامح وعدم اتاحة الفرصة للاطفال في المشاركة وابداء ارائهم، وعدم مراعاة الفروق الفردية كلها جميعا قد تكون من الاسباب المحتملة لظهور الاضطرابات الانفعالية والسلوكية لدى الاطفال. فعلى سبيل المثال، العدوانية، والتهرب من المدرسة، وادعاء المرض والخوف المرضى والتمرد والعصيان والقلق والانطواء والانسحاب والخجل وتشتت الانتباه وعدم التركيز هي استجابات انفعالية قد يطورها الطفل كنتاج لمثل تلك الخبرات غير السارة التي يواجهها في البيئة المدرسية (Kneedler etal،. 1984).

ويمتد اثر البيئة ليشمل طبيعة النظام الثقافي السائد في المجتمع، حيث تسهم البيئات المنغلقة والتي تسود فيها الاساليب التربوية المتشددة في تطور الاضطرابات الانفعالية والسلوكية مقارنة بالمجتمعات المعتدلة والاقل تشدد أو الاكثر تسامحاً.

خصائص المضطربين انفعاليا وسلوكيا

Characteristics of Emotionaly Disturbed:

ليس من السهل حصر جميع خصائص الافراد المضطربين انفعاليا وسلوكيا، وقد يرجع السبب الرئيسي في ذلك الى كثرة مثل هذه الاضطرابات وتعددها وتداخلها معا

من جهة والتفاوت في شدتها بين المتوسطة والشديدة من جهة اخرى.

لقد اشار نيدلر وزملاءه (Kneedler etal., 1984). الى وجود اكثر من (100) خاصية يمتاز بها الافراد ذوي الاضطرابات الانفعالية والسلوكية.

ولكن بالرغم من ذلك، هناك ثلاث خصائص رئيسية تشترك بها جميع الاضطرابات وتتمثل في الخصائص التالية:

اولا: ضعف التحصيل الاكاديمي Academic Achievement rPoo

يعاني الاطفال المضطربين انفعاليا وسلوكيا عادة من تدني مستوى التحصيل الاكاديمي مقارنة باقرانهم الاطفال العاديين، ولا ينحصر هذا الضعف في مادة دراسية واحدة وانما يمتد ليشمل كافة المواد والانشطة الاكاديمية.

ثانيا: سوء التكيف الاجتماعي Poor Interpersonal Relations

ان اهم ما يمتاز به الافراد الذين يعانون من الاضطرابات الانفعالية والسلوكية هو افتقارهم للمهارات الاجتماعية والسمات الشخصية المحببة (الجاذبية)، مما يعيقهم بالتالي من تكوين علاقات اجتماعية مع الاباء والمعلمين والاقران. فنظراً لما يمتازون به من انماط سلوكية غير مرغوبة، فهم في الغالب مرفوضين وغير مرحب بهم من قبل الاخرين.

ثالثا: تدني احترام الذات Poor Self-Esteem

يسيطر لدى المضطربين انفعاليا وسلوكيا الاحساس بتدني مفهوم الذات لديهم، فهم ينظرون الى ذواتهم نظرة سلبية وانها غير ذات قيمة، وهذا بالتالي ينعكس في مستوى احترامهم لذواتهم.

مصطلحات الفصل الاول

Ability	قدرة
Abnormal	شاذ/ غير عادي
Achievement	تحصيل
Academic	اكاديمي
Acquiring	تعلم/ اكتساب
Acquisition	اكتساب
Adaptation	تكيف
Adjustment	تكيف/ تلاؤم
Adolescency	مراهقة
Adult	بالغ
Aggression	عدوان
Anger	غضب
Anxiety	قلق
Aspects	مظاهر
Autism	توحد
Behavior	سلوك
Behavioral Disorders	اضطرابات سلوكية
Biological Readiness	استعداد بيولوجي
Characteristics	خصائص
Childhood Stage	مرحلة الطفولة
Classification	تصنيف
Cognitive Abilities	قدرات عقلية
Communication	اتصال/ تواصل
Conduct	تصرف/ سلوك
Cuases	اسباب/ مسببات
Cultural	ثقافي
Criteria	محك
Demands	مطالب

Depression	اكتئاب
Developmental Stages	مراحل النمو
Diagnosing	تشخيص
Disorder	اضطراب
Difficulties	صعوبات
Disturbance	اضطراب
Dreems	احلام
Education	تربية
Educational Plan	خطة تربوية
Educational Program	برنامج تربوي
Emotion	انفعال
Emotional Disorder	اضطراب انفعالي
Environment	بيئة
Environmental Factors	عوامل بيئية
Experience	خبرة
Factors	عوامل
Features	ملامح /مظاهر
Friendship	صداقة
Gender	جنس/ نوع
Genetic	جيني
Genetic Factor	عامل وراثي
Hyperactivity	نشاط زائد
Independency	استقلالية
Infancy Stage	مرحلة رضاعة
Infant	رضيع
Interests	اهتمامات
Interaction	تفاعل
Language	لغة
Learning	تعلم
Maturation	نضج

Mental	عقلي
Mutism	خرس/ صمت
Needs	حاجات
Neglecting	تجاهل
Nerve Cells	خلايا عصبية
Neuron	عصبون / خلية عصبية
Norm	معيار
Normal	عادي/ طبيعي/ اعتيادي
Obediance	طاعة
Personality	شخصية
Pregnancy	حمل
Psychology	علم النفس
Readiness	استعداد
Relations Ships	علاقات
Results	نتائج
Risks	مخاطر
Sexual Roles	ادوار جنسية
Social	اجتماعي
Socialization	تنشئة اجتماعية
Social Roles	ادوار اجتماعية
Self	ذات
Self Concept	مفهوم الذات
Selt Esteem	احترام الذات
Selfishness	انانية
Skills	مهارات
Stress	توتر
Services	خدمات
Thinking	تفكير
Values	قيم

الفصل الثاني

الكشف عن الاضطرابات الانفعالية
والسلوكية وتقييمها

Diagnosing & Evaluating

The Emotional & Behavioral Disorders

- تمهيد
- أدوات الكشف وتقييم الاضطرابات الانفعالية والسلوكية
- الفحص الطبي
- دراسة الحالة
- التقديرات
- الملاحظة
- المقابلة
- المقاييس والاختبارات
- قوائم الشطب
- مقاييس الذات
- اختبارات الذكاء والتحصل
- الاختبارات النفسية
- التشخيص والتقييم الاكاديمي
- تحليل البيئة الصفية
- تحليل الخبرات التعليمية
- تحليل اساليب وطرائق التدريس

الكشف عن الاضطرابات الانفعالية والسلوكية وتقييمها

الفصل الثاني

الكشف عن الاضطرابات الانفعالية
والسلوكية وتقييمها

تمهيد:

تعد عملية الكشف المبكر عن الاضطرابات الانفعالية والسلوكية على غاية من الأهمية، حيث يسهم الكشف المبكر في تسهيل وتسريع علاجها. وينبغي الانتباه هنا، ان عملية تحديد مثل هذه الاضطرابات ليس بالامر اليسير، فمن الصعوبة بمكان الحكم على الفرد بانه يعاني من نوع من الاضطراب الانفعالي أو السلوكي بمجرد اظهارة لبعض الاعراض السلوكية الغريبة غير المقبولة (Paul & Epanchin, 1992).

ولعل ضرورة الحذر في تحديد الاضطرابات الانفعالية والسلوكية وتقيمها يرجع الى الاعتبارات التالية:

أولا: ان بعض الاعراض السلوكية التي تبدو مزعجة وغير مقبولة للاخرين قد لا تكون مؤشراً لوجود اضطراب من نوع معين لدى الطفل، وذلك لارتباط البعض منها بالخصائص النمائية للمرحلة العمرية. فقد يظهر الاطفال في المراحل المبكرة احياناً مظاهراً سلوكية مثل نوبات الغضب، والصراخ، وعدم الانتباه وعدم الاستمرار في انجاز بعض المهارات والغيرة ومشاعر القلق، ومثل هذه الاعراض قد تكون طبيعية تتناسب وخصائص المرحلة العمرية التي يمرون بها.

ثانيا: قد يظهر الافراد في بعض الاحيان مظاهر سلوكية غريبة وشاذة ، ومثل هذه المظاهر قد تكون مؤقتة وعرضية نتيجة مواقف اثارية ضاغطة يتعرضون لها، وليس من الضروري ان مثل هذه المظاهر دليلاً على اضطرابهم، ولا سيما عندما لا تشكل سمة شبه ثابتة يتكرر ظهورها لدى الافراد في المواقف الحياتية المتعددة.

43

ثالثا: تشترك العديد من الاضطرابات الانفعالية والسلوكية في بعض الاعراض والمظاهر السلوكية ، مما يزيد من صعوبة الحكم على ان الطفل يعاني من نوع معين من الاضطراب. وهذا يعني بالطبع ضرورة التشخيص الدقيق للحالات قبل اصدار الاحكام ما اذا كان يعاني الفرد من اضطراب ام لا.

رابعاً: صعوبة قياس الاضطرابات الانفعالية والسلوكية نظراً لتعدد مظاهرها من جهة، والافتقار الى ادوات القياس الملائمة من جهة اخرى.

هذا ويرى اصحاب الاتجاه السلوكي والعديد من علماء النفس والتربية ضرورة مراعاة عدداً من المعايير عند تشخيص الاضطرابات الانفعالية والسلوكية لدى الافراد وذلك من اجل التعرف والكشف السليم عن المشكلات والتقييم الدقيق لها، وتتمثل هذه المعايير فيما يلي:

١. الظروف والمواقف التي تظهر فيها الاعراض السلوكية الغريبة والشاذة، ويتمثل ذلك في التعرف على الظروف التي تسبقها وتلك التي ترافقها وما يترتب عليها من نتائج.

٢ مدى تكرار الاعراض السلوكية الغريبة: ويتمثل ذلك في عدد تكرار مثل تلك الاعراض ضمن فترة زمنية محددة.

٣. مدى استمرارية الاعراض السلوكية الغريبة: ويتمثل ذلك في طول الفترة الزمنية التي يستمر فيها الفرد منشغلاً في مثل تلك الاعراض.

٤. مدى شدة الاعراض السلوكية الغريبة: ويتمثل ذلك في كثافة الاعراض السلوكية من حيث قوتها وضعفها.

٥. طبيعة الاعراض السلوكية الغريبة: ويتمثل ذلك في الشكل الذي تأخذه مثل هذه الاعراض (أبو حميدان، ٢٠٠٣).

فعند ملاحظة المظاهر والانماط السلوكية الغريبة عند الطفل بشكل ملفت للنظر، عندها تقتضي الحاجة الى القيام باجراءات الكشف والتعرف والتقييم والتشخيص لحالة هذا الطفل، مع ضرورة عدم التسرع والقفز الى اصدار الأحكام المسبقة على الطفل بأنه يعاني فعلاً من مشكلة او اضطراب معين. ان عملية التقييم كما ورد سابقا عملية معقدة وليست سهلة، وهذا يعني بالطبع مراعاة الامور التالية عند تقييم الاضطرابات الانفعالية والسلوكية.

اولا: ان عملية التقييم تتم عبر مراحل منفصلة تشتمل على الكشف والتعرف والتشخيص . ففي عملية الكشف يتم اللجوء الى ملاحظات الاباء والمعلمين والمتخصصين حول المشكلة أو الاضطراب، وفيها كذلك يتم تطبيق العديد من الاختبارات النفسية والعقلية. اما في مرحلة التعرف فيتم في ضوء المعلومات التي نحصل عليها في المرحلة السابقة على التأكيد على أن الطفل يعاني فعلا من اضطراب انفعالي أو سلوكي أو انه لا يعاني من ذلك. فاذا ظهر فعلا ان الطفل يعاني من اضطراب انفعالي او سلوكي معين، عندها يتم اللجوء الى المرحلة الثالثة وهي مرحلة التشخيص، حيث فيها يتم جمع المعلومات المتنوعة عن الطفل وظروف حياته بهدف التعرف على اسباب المشكلة وتحديد برامج التدخل المناسبة لمعالجة المشكلة الانفعالية وتخليص الطفل منها.

ثانيا: تتطلب عملية التقييم جهوداً متضافرة يشترك بها كل من الاباء والمعلمون والاخصائيين النفسيين والتربويين والعاملون في مجال الخدمة الاجتماعية والاكلينيكين بهدف الوصول الى فهم افضل وادق حول طبيعة الاضطراب الانفعالي او السلوكي الذي يعاني منه الطفل. ان اشتراك هؤلاء الاطراف في تقييم حالة الطفل يوفر بلا شك معلومات كثيرة وادراكات مختلفة مما يعطي عملية التقييم المصداقية ويسهل بالتالي في تحديد العلاج المناسب.

ثالثا: كون ان عملية التقييم يشترك بها اطرافاً مختلفة من ذوي العلاقة ومن ذوي الاهتمامات المختلفة، فينبغي التنسيق بين هذه الاطراف حتى تخرج بتفسيرات دقيقة حول طبيعة الاضطراب الذي يعاني منه الطفل. فمن الملاحظ ان انظمة ومعايير التصنيف وكذلك الاهتمامات واوجه التركيز تختلف بين المختصين في المجالات التربوية والقانونية والنفسية والاجتماعية. فعند اشتراك هؤلاء الاطراف معاً في عملية التشخيص، فهم بلا شك يتوصلون الى فهم افضل للمشكلة الانفعالية ولاساليب علاجها الفعّال.

أدوات الكشف وتقييم الاضطرابات الانفعالية والسلوكية

عندما يظهر الاطفال انماطاً سلوكية غريبة وغير مألوفة وتبدو انها لا تنسجم مع خصائصهم النمائية او انها لا تتفق مع معايير السلوك المقبول، عندما يتطلب الامر الانتباه الى مثل هذه الانماط السلوكية وتقدير مدى تكرارها وظروف حدوثها واثارها النفسية والاجتماعية. وهذا بالطبع يتطلب توظيف عدداً من الوسائل والادوات للوقوف

على طبيعة الاضطرابات الانفعالية والسلوكية التي يعاني منها الاطفال. وفيما يلي عرض لبعض الوسائل والادوات المستخدمة في ذلك :-

اولا: الفحص الطبي: Medical Checkup

يتم اللجوء الى الفحص من اجل التأكد من السلامة العضوية للطفل وعدم معاناته من اية أمراض او اضطرابات في عمل الجهاز الغدي أو العصبي. وهنا يتم فحص الطفل عضويا باستخدام الوسائل الطبية المناسبة لمعرفة ما اذا يعاني الطفل من اية صعوبات حسية أو مشكلات طبية تتعلق بعمل الجهاز العصبي او اضطرابات في افراز الهرمونات الغدية، وذلك لان بعضا من الاضطرابات الانفعالية والسلوكية يرتبط بالخلل الوظيفي لاعضاء الجسم المختلفة.

ثانيا: دراسة الحالة Case Study

وهي من الوسائل الهامة التي يمكن من خلالها جمع بيانات متعددة وشاملة حول الفرد، مما يتيح بالتالي من فهم سلوكه او المشكلة التي يعاني منها. فمن خلال دراسة الحالة يتم جمع بيانات كثيرة تتعلق بالحالة من حيث تاريخها واعراضها ومظاهرها وظروف حدوثها وما يترتب عليها من اثار ونتائج. وعادة ما يتم تتبع مثل هذه الحالة لتأخذ شكل الدراسة الطولية، وفيها يتم اللجوء الى عدد من المصادر للحصول على المعلومات والبيانات المطلوبة.

ففي دراسة الحالة يتم الاتصال بالافراد الذين يعانون من اضطرابات انفعالية او سلوكية مباشرة والحديث معهم ومحاورتهم من أجل الحصول على بعض المعلومات، كما يتم جمع بيانات حول هؤلاء الافراد من خلال الاتصال بأولياء الامور والمعلمين والافراد والاصدقاء واجراء المقابلات مع هذه الاطراف والاستعانة بتقديراتهم وملاحظاتهم، كما يتم اللجوء كذلك الى السجلات والوثائق الطبية والاكاديمية والمذكرات وتوظيف الادوات المسحية مثل قوائم الشطب والاستبيانات (Patton, 2002).

ويؤخذ على هذه الطريقة انها احياناً قد لا تقود الى الاسباب الحقيقية التي تسبب الاضطرابات الانفعالية او السلوكية لدى الاطفال. فالبرغم من كثرة المعلومات التي يتم جمعها من عدد من المصادر حول الحالة، والتي تعد مفيدة ومتعمقة، الا انه لا يوجد

طريقة لاختبار صدق مثل هذه المعلومات والتفسيرات المتعلقة بها (Papalia & Olds, 1992)

ثالثا: التقديرات Estimations

في بعض الحالات التي لا يتم اللجوء فيها الى دراسة الحالة، يمكن الاستعانة بحجم محدد من المعلومات حول سلوك الطفل. ويتمثل ذلك في اللجوء الى تقديرات اولياء الامور او المعلمون او الاقران واخذ ملاحظاتهم حول سلوك الطفل في المواقف الحياتية المتعددة في البيت والحارة والمدرسة. ان مثل هذه التقديرات تعد على غاية من الأهمية وهي من أكثر الادوات دقة وموضوعية في تقييم الاضطرابات الانفعالية والسلوكية لدى الاطفال.

من الملاحظ ان اولياء الامور على اتصال دائم مع الطفل معظم الاوقات بحيث يلاحظون باستمرار التغيرات التي تطرأ على انماطه السلوكية والتطور الذي يطرأ على شخصيته (Berk, 2001) ، ويمكن الحصول على المعلومات حول اضطراب الطفل من خلال مقابلة الوالدين أو الطلب اليهم بالاستجابة الى بعض قوائم الشطب أو الاستبيانات بالاضافة الى اخذ ملاحظاتهم الخاصة. وبالرغم من اهمية المعلومات التي يتم الحصول عليها من قبل اولياء الامور، الا نه يوجه اليها احياناً بعض الانتقادات، ولا سيما عندما يغفل الوالدين عن ملاحظة سلوك الطفل لفترة من الزمن او اغفال بعض المعلومات بسبب النسيان وعدم تدوينها. وفيما يتعلق بالمعلومات التي يتم جمعها من قبل المعلمون حول الاضطراب الانفعالي أو السلوكي لدى الطفل، فهي من اكثرها دقة وموضوعية، وذلك لان المعلمون يمتلكون من الخبرة والمهارات الاكاديمية والتربوية ما يمكنهم من التعرف على انماط السلوك الغريب لدى الاطفال وطبيعة تفاعلاتهم في الانشطة الفردية والجماعية، وملاحظة مستوى ادائهم الاكاديمي. فالمعلمون مؤهلون ومدربون ويمضون فترة زمنية تمتد لعدد من الساعات يوميا مع الاطفال ويتفاعلون معهم داخل غرفة الصف وخارجها، مما يتيح لهم بالتالي امكانية الحكم على مدى سوية الانماط السلوكية لديهم (Kneedler etal., 1984). بالاضافة لما سبق يمكن اللجوء الى تقديرات الاقران وملاحظاتهم حول السلوك المضطرب ولا سيما انه في بعض الحالات يتم جمع بيانات من خلال الاقران حول سلوك الطفل قد يصعب جمعها من مصادر اخرى، وذلك لان الطفل يمض وقتاً لا بأس به في التفاعل مع الاخرين سواءاً في الحارة أو المدرسة، وقد يفصح عن بعض المعلومات لاصدقائه قد لا يصرح بها للاخرين.

47

ويمكن اللجوء احياناً إلى استخدام الاختبارات السوسيومترية لتحديد مستوى التكيف الاجتماعي لدى الطفل وطبيعة العلاقات الشخصية الاجتماعية التي يحتفظ بها مع الاخرين. فمن خلال هذه المقاييس يتحدد وضع الطفل الاجتماعي ضمن المجموعة التي يتفاعل معها (Paul & Epanchin, 1992).

رابعاً: الملاحظة Observation

وهي من الطرق المنظمة التي يمكن استخدامها لمعرفة الطريقة التي يتصرف بها الاطفال في مواقف محددة. فمن خلال الملاحظة يمكن جمع بيانات مهمة تساعد في وصف الاضطراب الانفعالي او السلوكي لدى الطفل وتتعلق بعدد تكراره ومدى شدته واستمراريته وظروف حدوثه ونتائجه(Borg & Gall, 1983).

يمكن ان تتخذ الملاحظة احد الشكلين التاليين:

أ. الملاحظة الطبيعية: وفيها يتم ملاحظة السلوك المستهدف في البيئة الطبيعية ضمن المواقف الحياتية الاعتيادية داخل البيت والمدرسة والشارع. كما يتم ملاحظة السلوك اثناء انشغال الطفل في الانشطة المتعددة مثل التفاعل الاجتماعي، واللعب والمهمات الاكاديمية.

ب. الملاحظة الاصطناعية: وفيها يتم اعداد بيئة خاصة، حيث يتم ترتيب الموقف الذي يوَّلد انماط السلوك المرغب في ملاحظته. وعادة يتم اعداد قاعات خاصة تتيح رصد السلوك المستهدف لدى الافراد مثل الغرف الزجاجية او الغرف المزودة بادوات التسجيل او الكاميرات.

تعد طريقة الملاحظة اداة فعالة في تحديد الاضطرابات الانفعالية والسلوكية لدى الاطفال اذا جرى توظيفها بشكل منظم. فمن خلالها يمكن الحصول على معلومات قيمة حول السلوك المستهدف في حالة مراعاة المسائل التالية:

1. يجب ان تتم الملاحظة دون علم ومعرفة الاطفال بانهم موضع ملاحظة. فمن خصائص الانسان انه يعمد الى تغيير سلوكه ليبدو بمظهر حسن ومقبول امام الاخرين ولا سيما اذا عرف انه موضع ملاحظاتهم، وهذا ما يطلق عليه بأثر الرغبة الاجتماعية.

2. في بعض الحالات، قد لا تكون فعالة لان بعض الانماط السلوكية ولا سيما

الانفعالية منها لا تظهر الا في اوقات وظروف معينة، وهذا بالطبع يتطلب الملاحظة المستمرة والمتابعة.(Berk, 2001).

3. تحتاج الى تدريب وخبرة من حيث رصد الملاحظات وتدوينها، لذلك يتطلب الامر تدريب اولياء الامور والمعلمون على كيفيه تسجيل المعلومات.

4. قد يحدث تشويه للمعلومات والملاحظات التي يتم جمعها بسبب سوء تدوينها او لاسقاط الملاحظين تفسيراتهم الذاتية على هذه الملاحظات (Papalia& Olds, 1992)

5. في العديد من الحالات، لا يمكن تفسير السلوك والتعرف على الاسباب التي تقف وراء الاضطراب الانفعالي او السلوكي لدى الطفل.

خامساً: المقابلة Interview

تستخدم المقابلة كاجراء للكشف على الاضطرابات الانفعالية والسلوكية لدى الاطفال والتعرف عليها وتقييمها. فمن خلال المقابلة يتم جمع معلومات حول المظاهر السلوكية لدى الطفل يمكن التعويل عليها لتقييم الوضع النفسي لديه. وتتمثل المقابلة في تكوين علاقة بين الاخصائي النفسي وبين الطفل المعني بالاضطراب او الافراد ذوي العلاقة به، بحيث تأخذ هذه العلاقة الطابع المهني وتتوفر فيها عوامل الثقة المتبادلة والسرية والتفهم والمصداقية.

عند تقييم الاضطراب الانفعالي أو السلوكي لدى طفل معين، قد يلجأ الاخصائي النفسي الى مقابلة الطفل المعني مباشرة ويحاول بناء علاقة ودية معه تشعره بالامن والطمأنينة والثقة، وفيها يحاول الحصول على بعض البيانات من خلال الاسئلة التي يطرحها عليه وعادة تتمحور الاسئلة حول نظرة الطفل الى نفسه والى الافراد الذين يتعامل معهم والبيئة المحيطة به (Lazaruse & Strichart, 1986)

توفر المقابلة للاخصائي النفسي بيانات غنية وقيمة حول الطفل، ولا سيما ان الاخصائي يمكنه ملاحظة التغيرات التي تطرأ على انماطه السلوكية اثناء المقابلة وتعابيره الوجهية وردات الفعل الانفعالية والتغير في نبرات صوته في تفاعلاته مع الاسئلة، ومثل هذه الملاحظات بالاضافة الى المعلومات اللفظية التي يصرح بها الطفل تساعد الاخصائي في فهم أعمق لمشكلة الطفل. ولكن بالرغم من اهمية ذلك، الا انه يؤخذ على المقابلة احياناً احجام الاطفال عن الاجابة عن بعض الاسئلة أو انكارهم

لبعض الحقائق او عدم قدرتهم على التعبير بشكل دقيق او عدم قدرتهم على تذكر بعض المعلومات بالاضافة الى المشكلات الفنية الاخرى المتعلقة بتسجيل البيانات وتدوينها من قبل الاخصائي او اسقاط ذاتيته على هذه البيانات (Rosenthal & Akiskal, 1985) . من جهة اخرى، قد يعمد الاخصائي النفسي الى مقابلة اطراف اخرى ذات علاقة بالطفل لجمع البيانات اللازمة، ومن هذه الاطراف الوالدين والمعلمون والاقران، وقد تكون المقابلة تركيبيه ومحددة البناء "Structured Interview"سأو شبه تركيبه تمتاز بانها غير محددة البناء ومرنة نوعا ما (Semi -structured (Costin & Draguns, 1989).

سادساً: المقاييس والاختبارات Measures & Tests

بالاضافة الى الادوات السابقة، يمكن اللجوء الى استخدام المقاييس والاختبارات المختلفة لتقييم الاضطرابات الانفعالية والسلوكية لدى الاطفال. وتتباين هذه المقاييس باختلاف اهدافها لتشمل مقاييس تقدير السلوك وقوائم الشطب ومقاييس مفهوم الذات ومقاييس القدرات العقلية واختبارات التحصيل وادوات التقدير الذاتي والمقاييس السيوسيومترية وجميعها تسعى إلى قياس ابعاد الشخصية وانماط السلوك التكيفي لدى الطفل، ومن هذه المقاييس ما يلي:

أولاً: قوائم الشطب: Reported Checklists

وهي عبارة عن مجموعة من الفقرات تتعلق بمظهر سلوكي او عدداً من المظاهر السلوكية يطلب فيها من المفحوص تقدير مدى انطباق مثل هذه المظاهر لما هو موجود لديه بالاجابة بنعم او لا. ومثل هذه القوائم قد يتم تطبيقها على الاطفال ذوي الاضطرابات الانفعالية والسلوكية مباشرة او يطلب من ذوي العلاقة بالاجابة عنها مثل المعلمون والاقران والوالدين (Kneedler etal., 1984). ويمكن استخدام كذلك سلالم التقدير ""Rating Scales وهي تشبه قوائم الشطب لكنها تتطلب الاجابة عن فقراتها بالاختيار وفق سلم متدرج من الاجابات ومن هذه القوائم:

أ. قائمة كوى وبترسون للسلوك المشكل

Quay & Peterson's Behavior Problem Checklist (1967)

تستخدم هذه القائمة لتقييم الخصائص والسمات المرتبطة بالاضطرابات الانفعالية والسلوكية لدى الاطفال والمراهقين وفق اربعه ابعاد رئيسية هي:

1. اضطرابات الشخصية: مثل الغيرة والخجل والانسحاب.

2. اضطرابات السلوك: مثل العدوان والتهجم والعناد.

3. اضطرابات النضج: مثل الحركة الزائدة وضعف الانتباه.

4. الانماط الثقافية والاجتماعية: مثل الكذب والغش.

ب. دليل برستول للتكيف الاجتماعي Bristol Social Guides

صمم هذا الدليل مارستون (Marston, 1970) ويهدف الى قياس ابعاد السلوك التكيفي الاجتماعي لدى الاطفال والمراهقين. ومن خلال هذا الدليل يمكن تقييم المشكلات الانفعالية والسلوكية ووصف الانماط السلوكية الملاحظة، مما يتيح امكانية توفير معلومات ذات قيمة تساعد المعلمون والاخصائين النفسيين في تفسير السلوك.

حـ. مقياس تقدير السلوك لبيركس 1980-1975) .Burk's Behavior Rating Scale)

يعد هذا المقياس من أكثر المقياس شيوعاً واكثرها موضوعية واستخداما في مجال تقدير السلوك والكشف عن الاضطرابات الانفعالية والسلوكية لدى الاطفال. يهدف هذا المقياس الى قياس وتشخيص مظاهر الاضطرابات الانفعالية لدى الافراد منذ سن السادسة وما بعدها؛ وهو من المقاييس الفردية ويمتاز بدلالات صدق وثبات جيدة ويتطلب تطبيقه وتصحيح نتائجه قرابة النصف ساعة. يتألف من (19) مقياس فرعيا تشتمل في مجموعها على (110) فقرات موزعة على المظاهر التالية:

1. لوم الذات. ويشتمل على 5 فقرات.

2. الانسحابية. ويشتمل على 6 فقرات.

3. القلق. ويشتمل على 5 فقرات.

4. عجز الانتباه. ويشتمل على 5 فقرات.

5. العدوانية الزائدة ويشتمل على 6 فقرات.

6. التمرد والعناد. ويشتمل على 5 فقرات.

7. الاعتمادية والاتكالية. ويشتمل على 6 فقرات.

8. قوة الانا. ويشتمل على 7 فقرات.

9. تدني القدرة العقلية. ويشتمل على 7 فقرات.

10. ضعف التآزر البصري - الحركي. ويشتمل على 5 فقرات.

11. فقدان الشعور بالهوية. ويشتمل على 5 فقرات.

12. ضعف الاتصال بالواقع. ويشتمل على 8 فقرات.

13. ضعف القوة الجسدية. ويشتمل على 5 فقرات.

14. ضعف الاتصال بالواقع. ويشتمل على 8 فقرات.

15. الافراط بالمعاناة. ويشتمل على 7 فقرات.

16. الاحساس بالظلم. ويشتمل على 5 فقرات.

17. ضعف الانضباط الاجتماعي. ويشتمل على 8 فقرات.

18. صعوبة ضبط الغضب. ويشتمل على 5 فقرات.

9. تدني التحصيل الاكاديمي. ويشتمل على 5 فقرات.

د- مقياس السلوك التكيفي للجمعية الامريكية للتخلف العقلي

ويعرف هذا المقياس باسم مقياس السلوك التكيفي واللاتكيفي "AAMD"س وهو من اعداد نهيرا واخرون (Nahira etal.,1975)، ويشتمل على قسمين احدهما لقياس مظاهر السلوك التكيفي، في حين يتعلق القسم الاخر بقياس مظاهر السلوك اللاتكيفي لدى الافراد ذوي الاعاقات العقلية أو الافراد المضطربين انفعالياً وسلوكياً.

هـ- مقياس رسم الرجل Draw A man Test

لقد قام جودانف (Goodenough) باعداد مقياس يعرف بمقياس رسم الرجل عام 1925، ثم ظهر مقياس آخر في هذا المجال من اعداد هاريس (Harris,1963) في عام 1963 يعرف باسم مقياس "Goodenoungh- Harris"س. ومثل هذين الاختبارين يستخدمان في قياس وتشخيص القدرات العقلية لدى المفحوصين بالاضافة الى قياس مظاهر السلوك الانفعالي على اعتبار ان الافراد في اثناء رسم صورة الرجل يسقطون انفعالاتهم ودوافعهم، مما يتيح من الكشف عن مظاهر الاضطراب الانفعالي والسلوك لديهم.

ثانيا: مقاييس الذاتSelf Concept Scales

تستخدم بعض مقاييس الذات في تقييم الاضطرابات الانفعالية والسلوكية لدى

الاطفال والمراهقين لانه من المفيد التعرف على الكيفية التي يشعر بها الطفل بذاته وكذلك الكيفية التي يدرك من خلالها نقاط الضعف والقوة في شخصيته. ومن مقاييس الذات المشهورة والتي يمكن استخدامها في تشخيص الاضطرابات الانفعالية والسلوكية لدى الاطفال.

مقياس بيرس - هارس لمفهوم الذات عند الاطفال

The Piers - Harris Children's Self Concept Scale - 1969

يتألف هذا المقياس من (80) فقرة تتطلب الاجابة عنها بنعم اولا، وهي في مجموعها تقيس ابعاد مفهوم الذات المدرك عند الطفل (Kneedler etal., 1984).

ثالثا: اختبارات الذكاء والتحصيلIntelligence & Achievement Tests

تستخدم اختبارات الذكاء لتقييم الجوانب العقلية لدى الاطفال المضطربين انفعاليا وسلوكياً، حيث تزودنا هذه الاختبارات بمعلومات عن قدرات الطفل العقلية ومقارنة قدراته بتلك الموجودة لدى الاطفال العاديين.

هناك العديد من اختبارات الذكاء التي يمكن استخدامها بهذا الشأن، ومن ابرز هذه الاختبارات - مقياس ستانفورد - بينه للذكاء، وهو اختبار فردي يشتمل على (59) فقرة موزعة حسب درجة صعوبتها وتناسب المستويات العمرية المختلفة، حيث تحتسب درجة ذكاء الفرد على هذا المقياس من خلال تحديد العمر العقلي تبعاً لعدد الأسئلة التي يجيب عليها، ومن ثم استخدام المعادلة التالية:

$$\text{درجة الذكاء (IQ)} = \frac{\text{العمر العقلي}}{\text{العمر الزمني}} \times 100\%$$

ومن الاختبارات الاخرى التي يمكن استخدامها، مقياس وكسلر للذكاء المعروف باسم مقياس وكسلر لقياس ذكاء الاطفال "Wechsler Intelligence Scale for Childrenس

وهو من الاختبارات الفردية ويتألف من قسمين:

أ. القسم اللفظي: يشتمل على ستة اختبارات فرعية تقيس قدرات عقلية مثل الفهم العام، والمعلومات العامة، والاستدلال الحسابي، والمتشابهات، والمفردات، واعادة الارقام، ومثل هذه الاختبارات تتطلب استجابات لفظية.

ب. القسم الادائي: ويشتمل على خمسة اختبارات فرعية تقيس قدرات مثل رموز الارقام، وتكميل الصور، ورسوم المكعبات، وتجميع الاشياء، وترتيب الصور. ومثل هذه الاختبارات تتطلب استجابة حركية - ادائية.

يمكن من خلال هذا الاختبار والاختبارات الفرعية قياس الاضطرابات الانفعالية والسلوكية لدى الاطفال ومدى تدخل مثل هذه الاضطرابات في القدرة العقلية لديهم. فمن خلال ادائهم على هذه الاختبارات يتم تحديد التناقض في مثل هذه الاستجابات، بحيث يتم تحليل مدى التشتت في استجاباتهم على الاختبار ككل وعلى الاختبارات الفرعية، اي من خلال المقارنة بين طبيعة استجاباتهم على الاختبار ككل والاختبارات الفرعية، بالاضافة الى قياس التشتت في الاستجابات داخل الاختبار. فمن خلال تحليل محتوى الاستجابات ولا سيما الخاطئة منها على الاختبارات الفرعية يتم الوقوف على اشكال الخلل المعرفي في الادراكات والافكار والمشاعر لدى الاطفال، وتقييم مستوى الانتباه لديهم. ويستدل على وجود الخلل عادة من خلال الدرجات التي يحصل عليها الاطفال، اذ حصول الطفل على درجة متدنية يشير الى وجود اضطراب سلوكي او انفعالي لديه (Costin & Draguns,1989).

بالاضافة الى اختبارات الذكاء، يمكن استخدام اختبارات التحصيل لتقييم الاضطرابات الانفعالية والسلوكية لدى الاطفال. فمن خلال هذه الاختبارات يمكن الوقوف على جوانب الضعف والقوة في ادائهم الاكاديمي (Kneedler etal., 1984). وتكشف اختبارات التحصيل عن وجود الاضطرابات الانفعالية والسلوكية لدى الاطفال من خلال تحليل استجاباتهم على فقراتها، بحيث يتم التعرف على الاخطاء والمشكلات التي يعانون منها.

رابعاً: الاختبارات النفسية Psychological Tests

تستخدم مثل هذه الاختبارات لقياس جوانب الشخصية التكيفية، وانواع الصراعات التي يعاني منها الافراد، بحيث يمكن اللجوء الى بعض الاختبارات النفسية لتقييم الاطفال المضطربين انفعاليا وسلوكياً.

ومن هذه الاختبارات ما يلي:

أ. الاختبارات الاسقاطية Projective Tests

وتتضمن هذه الاختبارات عدداً من المواقف أو المثيرات الغامضة، وهي في الغالب مجموعة اشكال وصور يطلب من المفحوص تفسيرها او حبك قصة معينة حولها. وتكمن الفلسفة من غموض المثيرات (الاشكال والصور) في ان المفحوص عادة يسقط صراعاته ومشكلاته على التفسيرات أو الاوصاف التي يقدمها. فمن خلال استجاباته يمكن التعرف على مفهوم الذات والاضطرابات الانفعالية والشخصية لديه وانواع الصراعات التي يعاني منها (Exner, 1980). ومن ابرز الاختبارات الاسقاطية اختبار بقع الحبر (الروشاخ) " Rorshach Spot of Ink Scaleس والذي وضعه عالم النفس السويسري هيرمان رورشاخ(Hermann Rorshach).

ويشتمل المقياس على (10) بطاقات يطلب من المفحوص في كل منها وصف ما يراه او تقديم تفسير لما يراه، وعادة عند تحليل استجابة الطفل على هذه البطاقات يؤخذ بعين الاعتبار ثلاثة عناصر رئيسية هي:

أ. الموقع/ المركز Location: طبيعة تركيز استجابة الطفل من حيث التركيز على الشكل ككل او التركيز على بعض التفاصيل في الشكل. ومثل هذا يعكس طريقة الادراك والتفكير لدى الطفل.

ب. المحتوى/ Content: ويتمثل في نوعية الوصف او التفسير الذي يقدمه الطفل للشكل الغامض، ومثل هذا الوصف أو التفسير يعكس طبيعة الصراعات او المشكلات الانفعالية التي يعاني منها.

جـ محددات الاستجابة: Determinants : وتتمثل في المظاهر التي تشتمل عليها الاستجابات من حيث التركيز على الشكل أو اللون أو اية مظاهر اخرى.

ب. اختبارات تفهم الموضوع Thematic Apperception Test- TAT

وتقع هذه الاختبارات في فئتين حسب الفئة العمرية، وهي اختبارات تفهم الموضوع للكبار واختبارات تفهم الموضوع للاطفال. وعادة تستخدم مثل هذه الاختبارات لقياس مدى الترابط الحسي وطريقة تفسير الافراد للمثيرات البيئية المحيطة. لقد تم وضع هذه

الاختبارات من قبل عالم النفس الامريكي مواري (Murray)، وهي تشتمل على سلاسل من الصور يطلب من المفحوص تأليف قصة حولها . وتجدر الاشارة هنا، ان بعض الصور مصممة لتناسب الاناث فقط وبعضها الاخر يناسب الذكور، في حين هناك مجموعة من الصور تصلح لكلا الجنسين (Exner, 1980)

يطلب من المفحوص حبك قصة حول الصورة التي تعرض عليه وهنا يتم ملاحظة طريقة حديثة ومحتوى القصة وانفعالاته اثناء الحديث. وتكمن الفلسفة من وراء هذا الاجراء في ان الطفل يسقط انفعالاته وانواع الضغوطات والصراعات التي يعاني منها اثناء الجديث عن هذه الصور من خلال القصة التي يقدمها، حيث تظهر نتائج الدراسات العديدة وجود علاقة ما بين محتوى القصص وطبيعة التعبير في الاداء السلوكي لدى الطفل.

جـ اختبارات الشخصية Personality Tests

يمكن توظيف بعض اختبارات الشخصية لقياس الجوانب والمظاهر الشخصية لدى المضطربين انفعاليا وسلوكياً، ومن ابرز هذه الاختبارات مقياس منيسوتا متعدد الاوجه للشخصية

،Minnesota Multiphase Personality Inventory - MMPI

ومثل هذا الاختبار يقيس العديد من المظاهر الشخصية، ومن ابرزها المظاهر غير العادية والاضطرابات الشخصية (Butcher & Keller, 1984).

حـ- مقاييس اخرى:

بالاضافة الى الاختبارات الاسقاطية واختبارات الشخصية يمكن استخدام وسائل اخرى لتقييم الاضطرابات الانفعالية والسلوكية لدى الاطفال، ومن هذه الوسائل:

أ. الاساليب التفريغية او التطهيرية: وفيها يتم ملاحظة الطفل اثناء اللعب وانشغاله في معالجة الاشياء وادوات اللعب او من خلال انشغاله في الرسم، حيث من خلال هذه الاساليب يمكن ملاحظة سلوكات الطفل وما يظهر عليه من انفعالات ودوافع او اية مشكلات سلوكية اخرى. ويمكن هنا، استخدام بعض الاختبارات المعدة لهذا الفرض ومن ابرزها اختبار ليفي الاسقاطي (Levyصs Projective Test).

ب. الاساليب التحريفية : وفيها يتم ملاحظة سلوك الطفل اثناء التعبير الكلامي او اثناء سرده لقصة حول موضوع او موقف معين. فمن خلال تعابيره يمكن الاستدلال على وجود الاضطراب السلوكي او الانفعالي لديه.

التشخيص والتقييم الاكاديمي Academic Diagnosing

بالاضافة الى الادوات السابقة، يمكن اللجوء الى تشخيص الجوانب الاكاديمية وتقييم الحاجات الاكاديمية للاطفال الذين يعانون من الاضطرابات الانفعالية والسلوكية. ويمتاز التقييم الاكاديمي بالشمولية بحيث يتناول كافة الجوانب المتعلقة بالاضطراب الانفعالي او السلوكي لدى الطفل. وفيه يمكن اللجوء الى معظم الوسائل والادوات السابقة في عملية التشخيص من مثل التقارير الذاتية، وتقارير اولياء الامور والمعلمون والاصدقاء، بالاضافة الى الملاحظة والمقابلة والمقاييس والاختبارات العقلية والنفسية والتحصيلية.

تتضمن عملية التشخيص الاكاديمي جوانب اخرى تتعدى الطفل بحد ذاته لتشمل الجوانب التالية:

اولاً: تحليل البيئة الصفية:

تلعب البيئة الصفية دوراً بارزاً في نمو شخصية الافراد وتهذيب الانماط السلوكية لديهم. ففي بعض حالات الافراد الذين يعانون من بعض الاضطرابات الانفعالية والسلوكية قد ترجع في اسبابها الى عوامل ترتبط بالمدرسة أو البيئة الصفية. ولذلك فانه من المفيد جداً تحليل البيئة الصفية لتحديد ما اذا كانت ذات علاقة بالمشكلة التي يعاني منها الطفل من جهة، والعمل على احداث بعض التغييرات فيها اذا تأكد من انها تقف وراء المشكلة، مما يساعد بالتالي في علاج هذه المشكلة والتخلص منها.

1 عدد الطلاب داخل الفصل الدراسي:

لا شك ان زيادة عدد الطلاب في الصف يزيد من تباين الاهتمامات والدوافع والاتجاهات لدى الافراد مما يؤثر في عدد العلاقات الاجتماعية وتشابكها، وكما انه يؤثر كذلك في اداء المعلم من حيث توزيع الانتباه والاهتمام لكل الطلبة وفي اعطاءه للتعليمات والارشادات ومراعاة الفروق الفردية. ويلعب عامل الازدحام والضجيج دوراً

57

الفصل الثاني

في ردات الفعل السلوكية لكل من المعلم والطالب، وهذا بالطبع ربما يولد لدى البعض الضغط النفسي والذي يتبدى في بروز بعض المشكلات الانفعالية والسلوكية لديهم.

2. وقت الحصة/ النشاط التعليمي

يحتاج الاطفال في المرحلة العمرية الدنيا عادة الى وقت اطول لتنفيذ المهمات والانشطة التي يكلفون بها نظراً لطبيعة خصائصهم النمائية. ان عدم اعطاء الوقت الكافي للطلاب ربما يولد لديهم الشعور بالضيق والانزعاج، وفي بعض الاحيان يولد لديهم مشاعر القلق والغضب والعدوان والاحباط ولا سيما عندما لا تتاح لهم الفرص لانهاء النشاط الذي يقومون به. ولا يقتصر تأثير الوقت من حيث طوله أو قصره، بل يتعدى ليشمل الوقت من النهار. ففي اوقات معينة يكون الاطفال أكثر نشاطاً وحيوية من الاوقات الاخرى، ومن هنا قد يكون للوقت دوراً في بروز الاضطرابات الانفعالية والسلوكية لدى الاطفال، ولا سيما عندما يكون غير كافٍ او غير مناسب لاداء النشاط او المهمة التعليمية.

3. مساحة غرفة الصف

ان الازدحام الشديد وعدم تمكين الطفل من الحركة والتنقل داخل غرفة الصف له انعكاساته السلبية على اداءه وانماطه السلوكية. فمن المعروف ان الاطفال عادة لا يستطيعون الجلوس لفترة طويلة في مكان محدد، فهم في حركة مستمرة وفي نشاط دائم. ومن هنا نجد ان ازدحام غرفة الصف بالمقاعد والادوات والوسائل التعليمية قد يحد من حركة الطفل على الحركة والتواصل مع الاخرين، وهذا يولد لديه بالتالي شعوراً بالضيق والغضب. كما ان لترتيب المقاعد دوراً في توليد المشكلات الانفعالية والاجتماعية لدى الاطفال، فترتيب المقاعد بشكل خطوط مستقيمة، قد يحد من حركة الطفل ويعيق من تواصله مع المعلم او الآخرين، كما انه قد يعيقه من مواصلة الانتباه للمعلم نظراً لعدم تمكنه من رؤية السبورة في بعض الحالات.

4. نوعية المقاعد

تؤثر نوعية المقاعد الى حد ما في حرية الطفل من الحركة والتنقل ولا سيما اذا كانت من النوع غير المرن او مصنوعه من مواد ثقيلة كالحديد او الخشب بالاضافة الى كونها مريحة او غير مريحة، مناسبة او غير مناسبة لحجم الطفل.

ثانيا: تحليل الخبرات التعليمية

قد يكون من احد الاسباب التي تقف وراء حدوث الاضطرابات الانفعالية والسلوكية لدى الاطفال طبيعة الخبرات التعليمية من حيث مدى مناسبتها للمرحلة العمرية ومستوى صعوبتها وسهولتها وطريقة عرضها في المقررات الاكاديمية. ومن هنا بات من الضروري تحليل أنواع الخبرات التعليمية وتصميم المقررات الدراسية للوقوف على مدى مناسبتها لخصائص المرحلة العمرية أم لا.

ثالثا: تحليل اساليب وطرائق التدريس

تلعب الاساليب وطرائق التدريس واساليب تعامل المعلمين دوراً بارزاً في حدوث الاضطرابات الانفعالية لدى الاطفال. فالاساليب التي تحد من حرية الطفل من التعبير والمشاركة وتلك التي تشجع عمليات الحث والتلقين غالباً ما تؤدي الى نتائج سلبية تنعكس اثارها في شخصية الاطفال وانماطهم السلوكية. في حين ان الاساليب التي تقوم على التقبل والتسامح وتتيح الحرية للطفل في المشاركة والتعبير تعمل على تنمية مدركاتهم وتفتح قدراتهم العقلية والاجتماعية والانفعالية والذي بلا شك يوثر في كفاءتهم على التكيف النفسي والاجتماعي.

مصطلحات الفصل الثاني

Assessment	تخمين/ تقييم
Attention	انتباه
Case Study	دراسة حالة
Classroon Environment	بيئة صفية
Condition	شرط/ حاله
Conflict	صراع/ تعارض
Content	محتوى
Cooperative Activities	انشطة تعاونية/ جماعية
Data	بيانات
Disobedance	تمرد/ عصيان
Dependency	اعتمادية
Estimation	تقدير
Evaluation	تقويم
Facts	حقائق
Feelings	مشاعر
Functions	وظائف / ادوار
Handicaped	اعاقة
Individualal Activities	انشطة فردية
Instructional Activities	انشطة تعليمية
Instructional Methods	طرق تدريس
Information	معلومات
Interview	مقابلة
Intelligence	ذكاء
Instrument	اداة/ وسيلة
Judgements	احكام
Location	موقع
Measurement	قياس
Measures	مقاييس

Medical	طبي
Motives	دوافع
Motivation	دافعية
Observation	ملاحظة
Peers	اقران
Perception	ادراك
Personality Tests	اختبارات شخصية
Projective Tests	اختبارات اسقاطية
Psychological Tests	اختبارات نفسية
Reciprocal Relations	علاقات تبادلية
Reactions	ردات فعل
Reported Checklists	قوائم الشطب
Resources	مصادر
Responce	استجابة
Rules	قواعد
Roles	ادوار
Scales	مقاييس
Self Confidence	الثقة بالذات
Sosiometric Scales	مقاييس سوسيرمترية
Semi Structured Interview	مقابلة غير محددة البناء
Situations	مواقف
Screening	فحص/ كشف
Spacialist	اخصائي
Structured Interview	مقابلة محددة البناء
Teaching	تدريس
Verbal	لفظي
Withdrawn	انسحاب

الفصل الثالث

الاتجاهات النظرية في تفسير الاضطرابـــات

الانفعالية والسلوكيـــة

Theoretical Trends

- النظريات السلوكية
- النظرية البيئية

الفصل الثالث

الاتجاهات النظرية في تفسير الاضطرابات
الانفعالية والسلوكية

تمهيد:

تعد الاضطرابات الانفعالية والسلوكية احد اشكال السلوك اللاتكيفية التي تعيق عملية النمو الطبيعي لدى الافراد وتؤثر في عمليات تفاعلاتهم الاجتماعية وادائهم المهني والاكاديمي. ومثل هذه الاضطرابات حظيت بأهتمام العديد من الاتجاهات النظرية تماماً كما هو الحال في دراسة السلوكات التكيفية السليمة على اعتبار ان فهم الظاهرة النفسية يتطلب دراستها ببعديها التكيفي واللاتكيفي. وفيما يلي عرض لبعض ابرز الاتجاهات النظرية.

آولاً: نظرياتُ التحليل النفسي Psychoanlytic Theories

تجمع معظم نظريات التحليل النفسي حول دور خبرات الطفولة المبكرة في بناء الشخصية وفي الانماط التكيفية التي تتميز بها الشخصية المستقبلية. وترى ان غالبية الاضطرابات النفسية والسلوكية التي يعاني منها الافراد في المراحل العمرية اللاحقة ترجع في بعض اسبابها الي خبرات الطفولة المؤلمة غير السارة التي تكون مكبوتة في اللاشعور، والتي تبقى تعمل باستمرار وتظهر في شكل الاضطراب السلوكي (Emery & Oltmanns, 2000). لذلك تركز نظريات التحليل النفسي على ضرورة تحليل ديناميات الشخصية من اجل التعرف على الخبرات اللاشعورية، كون ان مثل هذه الخبرات تشكل الاندفاعات اللاشعورية للسلوك. وترى هذه النظريات ان الاضطرابات

النفسية: الانفعالية والسلوكية منها قد ترتبط بجملة اسباب مثل الازمات والصدمات النفسية والعلاقات السيئة مع الوالدين وعدم إشباع الحاجات والتعرض الى العقاب والتهديد والاهمال من قبل الاخرين ولا سيما الوالدين او بسبب عوامل التكوين البيولوجي.

يعد العالم النمساوي سيجموند فرويد من ابرز اعلام نظريات التحليل النفسي، فهو يرى في نظريته حول الشخصية والتي تعرف باسم النظرية الدينامية بان الشخصية عبارة عن مجموعة قوى من الدوافع والعمليات النفسية المتغيرة والقوى اللاشعورية التي تحرك السلوك، ويرى ان السلوك هو نتاج تفاعل مجموعة من القوى اللاشعورية والدوافع، حيث تعبّر الشخصية عن ذاتها في نوعين من السلوك هما:

أ. السلوك الظاهر ويتمثل في الافعال والاقوال والايماءات الظاهرة.

ب- السلوك الضمني ويتمثل في الاستجابات غير الظاهرة التي تعبَّر عن اغوار الشخصية.

يفترض فرويد وجود مجموعتين من الدوافع المتعارضة في الشخصية، تتمثل المجموعة الاولى في دوافع الحياة >الايروس Eros< والتي تهدف الى الحفاظ على حياة الانسان وبقاءه وتتمثل في دوافع الحب الجنسي وحب الذات وحب الاخرين والبناء والتعاون والصداقة، ومثل هذه الدوافع تستمد قوتها من طاقة الليبدو وتجد في السلوك الجنسي تنفسياً لها. اما المجموعة الثانية من الدوافع فتعرف بدوافع الموت >الثاناتوس:Thanatos< وهي لاشعورية وتدفع الانسان الى العدوان والتدمير. وفيما يتعلق بالجهاز النفسي، فيرى فرويد انه يتألف من ثلاثة مستويات تقع فيها كافة انواع الخبرات والذكريات والمعارف والرغبات، وهذه المستويات هي:

أ. الشعور: ويمثل الجانب الشعوري من شخصية الفرد، وفيه تقع كل الخبرات والمعارف والادراكات والرغبات التي يكون الفرد على وعي تام بها والتي يسهل عليه تذكرها واسترجاعها. ومثل هذا الجانب لا يمثل الا جزءاً صغيراً من الحياة النفسية للفرد، وهو يخضع لعوامل الزمان والمكان والواقع والمبادئ والاخلاق.

ب. ما قبل الشعور: وفيه تقع الافكار والرغبات والذكريات التي تكون قريبة من حيز الشعور، بحيث تصبح شعورية عند الحاجة، حيث يقلل من الجهد يستطيع الفرد تذكرها واسترجاعها.

جـ- اللاشعور: يمثل العمليات النفسية التي لا يكون الفرد على وعي تام بها، وفيه تقع الرغبات المكبوتة التي ترتبط بدوافع الجنس والعدوان بالاضافة الى الافكار والذكريات والاحداث والخبرات الانفعالية المؤلمة التي مر بها الفرد في طفولته وبقيت دفينة لا تستطيع الدخول الى حيز الشعور. ومثل هذا الجانب لا يخضع لعوامل مثل الزمان والمكان والاخلاق، وانما يعمل وفقاً لمبدأ تحقيق اللذة وتجنب الالم والنشاط الدائم، حيث محتوياته قد تبرز نفسها الى حيز الشعور من خلال الاحلام، وزلات اللسان والنسيان والنكات وبعض الاضطرابات النفسية أو الاضطرابات الانفعالية والسلوكية (عبد الـلـه،2001).

ويرى فرويد ان الشخصية الانسانية تتألف من ثلاثة انظمة نفسية تتنافس فيما بينها للحصول على الطاقة النفسية وهي الهو "Idسوالانا "Egoس والانا الاعلى و "Super egoس. فالهو مصدر الطاقة النفسة، وهو لا شعوري ويمثل الجانب الحيواني من الانسان. ويعد الهو المكون الاول الذي ينمو في الشخصية، ويعمل وفق مبدأ تحقيق اللذة وتجنب الالم، ويمثل الهو الغرائز الجنسية والدوافع العدوانية والرغبات المكبوتة التي تدفع الفرد باستمرار الى اشباعها. يمثل الانا النظام الثاني في الشخصية، حيث تنمو عندما يدرك الفرد وجود متطلبات ومعيقات تحول دون اشباع دوافع الهو. تعمل الانا وفق متطلبات الواقع، وتسعى الى اشباع دوافع الهو بطرق تنسجم مع مطالب ومعايير المجتمع. ترتبط الانا بالهو، وبالرغم من ان جزءاً، ضئيلاً منها لا شعوريا، الا ان الجزء الاكبر منها شعوري يتصل بالواقع ويراعى متطلباته وظروفه. وبهذا المنظور، فالانا تمثل الجانب التنفيذي للشخصية من حيث اتخاذ القرارات والتفكير العقلاني واشباع مطالب الهو بطرق مقبوله والسلوك وفقا لمعايير المجتمع.

اما المكون الثالث للشخصية، فهو الانا الاعلى، ويضم الانا المثالية والضمير والمبادىء والقيم والمثل الاخلاقية. ويعمل هذا المكون باستمرار على كبح مطالب الهو ومنعها من اشباع دوافعها.

يؤكد فرويد ان المكونات الثلاثة للشخصية ليست مستقلة عن بعضها البعض، ولكنها متفاعلة ومتداخله معاً وتتنافس فيما بينها على الطاقة النفسية اثناء مرور الفرد في المراحل النمائية المختلفة (وهي المرحلة الفمية، والشرجية، والقضيبية، والكمون والتناسلية). ويرى انه في كل مرحلة من هذه المراحل يخبر الفرد اللذة في احد اعضاء

الجسم، وهو بحاجة الى اشباع الحاجات المرتبطة بها. لذلك تسعى الانا الى التوفيق بين دوافع الهو الملحة ونواهي الانا الاعلى ومطالب الواقع التي تقف في وجه اشباع دوافع الهو. وهكذا فعندما تنجح الانا في التوفيق بين المطالب المتعارضة يتحقق النمو السليم للشخصية على نحو يمكّن الفرد من التكيف النفسي والاجتماعي.

اما في حال فشل الانا في التوفيق بين دوافع الهو ومطالب الانا الاعلى وعجزها عندئذ من حل الصراعات والتناقضات فيما بينهما، فان نوعاً من التثبيت يحدث لدى الفرد ويتولد عن ذلك مشاعر التوتر والقلق والاضطراب السلوكي لديه.

ونتيجة لذلك، فان الانا تلجأ الى تنمية الحيل الدفاعية لحل الصراعات والتقليل من مشاعر القلق والتوتر عبر عمليات تشويه لا شعورية للواقع.

لقد واجهتْ نظرية فرويد في التحليل النفسي انتقادات عديدة من قبل علماء النفس التحليلين امثال كارل يونج، وادلر واريكسون وغيرهم. فقد شكك هؤلاء بمصداقية وجود الرغبات الجنسية لدى الاطفال، كما انهم انتقدوا نظرية فرويد من حيث المبالغة في تأكيده على الجوانب البيولوجية في بناء الشخصية ودور كل من اللاشعور وخبرات الطفولة المبكرة في تحديد ملامح الشخصية المستقبلية للفرد.

فبالاضافة الى العوامل البيولوجية، يرى هؤلاء العلماء ان نمو الشخصية الانسانية يعتمد على عوامل اخرى تتمثل في مجموعة العوامل الثقافية والاجتماعية. ففي هذا الصدد، يرى ادلر(Adler) آن الاهتمام الاجتماعي فطري الطابع، حيث يميل الانسان بطبيعته الى الانغماس في العلاقات الاجتماعية مدفوعاً بدوافع ايجابية تتمثل في الحب والتعاون والاهتمام والتقبل والتعاطف.

ويرى ادلر ان الافراد يندفعون نحو العلاقات الاجتماعية لان مثل هذه العلاقات تسهم في تشكيل شخصياتهم وتساعدهم في تحقيق التفوق وتعويض مشاعر النقص لديهم. وحسب وجهة نظر ادلر، فان الاضطرابات السلوكية ومظاهر عدم التوافق ترجع الى مشاعر النقص وعجز الذات الخلاقة من بلوغ الاهداف وتحقيق التوافق وذلك عندما يفشل الفرد من الدخول في العلاقات الإجتماعية المتبادلة أو عندما يفقد الدعم الاجتماعي.

اما اريكسون(Erickson) فيرى ان الانسان اثناء نموه النفسي الاجتماعي يمر في

ثمانية مراحل في كل منها يواجه الفرد صراعاً اوازمة من نوع معين يفترض منه ايجاد حلاً مناسباً لها للمرور بسلام الى المرحلة التي تليها، حيث يتوقف تطور الشخصية او نموها على طبيعة الخبرات. والحلول التي يتعلمها في كل مرحلة من هذه المراحل.

ويرى اريكسون ان الفرد يكتسب خلال حلة للازمات مهارات جديدة يترتب عليها مسؤوليات ومتطلبات اجتماعية اضافية والتي بدورها تخلق لديهم ازمات جديدة. هذا ويعتمد نمو الفرد الشخصي على طبيعة العلاقات الاجتماعية التي تربطه بالاخرين ولا سيما الوالدين، ومدى الدعم الذي يقدمونه له خلال عمليات التطبيع الاجتماعي. واعتماداً على ذلك فان الاضطرابات السلوكية تتولد لدى الافراد عندما يفشلون في حل الازمات التي يواجهونها في المراحل المتعددة. فعلى سبيل المثال، في المرحلة العمرية الأولى يواجه الطفل ازمة تعلم الثقة مقابل عدم الثقة بالاخرين وهنا يتوقف نموه على مدى تقديم الحب والرعاية والحنان والغذاء من قبل الاخرين ولا سيما الام، ان عدم تلبية مثل هذه المطالب يخلق لديه ازمة عدم الثقة بالاخرين والتي تستمر معه طوال حياته ويتولد عنها العديد من الاضطرابات النفسية والسلوكية.

ثانياً: النظريات السلوكية :sBehavioral Theorie

ترى النظريات السلوكية ان معظم السلوكات الانسانية السوية منها وغير السوية متعلمة من خلال تفاعلات الفرد المستمرة مع البيئات والمثيرات المادية والاجتماعية. فالانسان يولد ولديه بعض المنعكسات اللاارادية والاستعدادات البيولوجية التي تساعده في عملية التفاعل مع البيئة، ومن خلال عملية التفاعل هذه يكتسب الفرد الخبرات والمعارف والانماط السلوكية المتعددة. ووفقاً لهذا المنظور، فكما يكتسب الفرد السلوك السوي السليم، فانه يتعلم الانماط السلوكية غير التكيفية (Costin & Draguns, 1989).

تجمع معظم النظريات السلوكية على ان التعلم هو بمثابة تشكيل ارتباطات بين مثيرات واستجابات بحيث تتقوى او تضعف مثل هذه الارتباطات وفقا للخبرات العقابية اوالتعزيزية التي توفرها البيئة التي يتفاعل معها الفرد. وهكذا فالسلوك هو دالة للمحددات البيئة، وهكذا تعتمد طبيعة السلوك على نوعية وطبيعة الخبرات التي توفرها البيئة للافراد (Erickson, 1998).

تعنى النظريات السلوكية بدراسة السلوك الظاهر، وترى أن مثل هذا السلوك يمثل

سمة شبه ثابتة نسبياً في شخصية الفرد عندما يتكرر استخدامه من قبل الفرد في مواقف وظروف محددة، على اعتبار ان هذا السلوك قد ارتبط بالسابق في مثل هذه المواقف والظروف ؛ فهي تتجاهل التفسيرات التقليدية للشخصية التي تؤكد ان الحاجات والدوافع والسمات والرغبات على انها المحركات الرئيسية للسلوك بالوقت التي تتجاهل فيه كذلك العمليات المعرفية. وحسب وجهة النظريات السلوكية، فالسلوك المضطرب او غير السوي متعلم نتيجة مرور الفرد بخبرات بيئية سابقة اوتفاعله مع مثيرات غير مناسبة.

ومثل هذا السلوك المضطرب تقوى عند الفرد بسبب تلقيه خبرات تعزيزية في السابق لهذا السلوك أو بسبب فشل الفرد في الاستفادة من الخبرات التعليمية او لان الفرد يجد في هذا السلوك وسيلة لتجنب العقاب واشباع بعض الدوافع لديه.

بالرغم من ان النظريات السلوكية تتفق فيما بينها على ان السلوك هو مجرد ارتباط بين مثير واستجابة، الا انها تختلف فيما بينها من حيث تفسير الالية التي يتشكل من خلالها هذا الارتباط وذلك على النحو التالي:

1- نظرية الاشراط الكلاسيكي Classical Conditioning Theory

اهتمت هذه النظرية بدراسة الانعكاسات الطبيعية وهي الاستجابات اللاارادية التي تستجر من قبل مثيرات طبيعية خاصة بها؛ فهي تؤكد ان مثل هذه السلوكات يمكن استجرارها بمثيرات اخرى محايدة من خلال عملية الاشراط. لذلك اكدت هذه النظرية فكرة حدوث التعلم من خلال الاشراط او الاقتران.

يعد عالم النفس الروسي ايفان بافلوف (Ivan Pavlov) والامريكي جون واطسون(Watson) من ابرز رواد هذه النظرية، حيث اهتم بافلوف بدراسة الاستجابات الطبيعية الفسيولوجية واستطاع من خلال فكرة الاقتران اشراط نوعين من الاستجابات لدى الحيوانات (الكلاب)، وهي اشراط الشهية، وفيها استطاع استجرار استجابة سيلان اللعاب لمثيرات محايدة مثل صوت الجرس؛ والاشراط المنفر وفيه تمكن من استجرار استجابة التجنب (الهروب) لمثيرات محايدة مثل الضوء الاخضر و المربع الاسود.

اهتم ايفان بافلون بدراسة الاستجابات الفسيولوجية وهي المنعكسات الطبيعية التي تستجر بشكل لا ارادي من قبل مثيرات طبيعية خاصة بها، بحيث يمكن استجرار مثل

هذه الاستجابات من قبل مثيرات اخرى محايدة وفقاً لمبدأ الاقتران او الاشراط. والفكرة الرئيسية هنا، ان الاستجابات الطبيعية التي تستجر من قبل مثيرات طبيعية خاصة بها يمكن للكائن الحي تعلم الاستجابة لها لمثيرات اخرى محايدة من خلال اقتران هذه المثيرات لعدد من المرات بالمثيرات الطبيعية. ففي احدى تجاربه، قام باشراط المثير المحايد (المربع الاسود) لعدد من المرات مع مثير طبيعي (الصدمة الكهربائية)، ولاحظ لاحقا ان الكلب اصبح يظهر استجابة الهروب والخوف بمجرد رؤية المربع الاسود، اما واطسون فقد استطاع كذلك اشراط استجابة الخوف لدى احد الاطفال من الارنب الابيض وذلك باشراط الارنب الابيض بمثير طبيعي (صوت مرتفع)، حيث اصبحت تظهر استجابة الخوف لدى الطفل عند مجرد رؤية الأرنب الأبيض.

وحسب وجهة نظر نظرية الاشراط الكلاسيكي، فان العديد من الانماط السلوكية ولا سيما الانفعالية منها كالخوف والتجنب والخجل والتشاؤم والقلق والحب وغيرها هي استجابات اشراطية متعلمة لمثيرات محايدة وفقاً لعملية الاقتران. ومن هذا المنطلق، فان الاضطرابات السلوكية والانفعالية يمكن اعتبارها سلوكات شرطية غير تكيفية جرى تعلمها من قبل الافراد استجابة لمثيرات شرطية (كانت بالاصل محايدة) نتيجة لتكرار اقترانها بمثيرات طبيعية (غير شرطية) لعدد من المرات، بحيث اصبح يتكرر ظهور مثل هذه الاستجابات لدى الافراد في العديد من المواقف عند مواجهتهم مثيرات معينة (Paul & Epanchin, 1992).

فعلى سبيل المثال، نجد ان الفوبيا (Phobias) وهي خوف مرضي غير مبرر من مواقف او مثيرات قد لا تستدعي بالضرورة استجابة الخوف، واحياناً قد لا تكون مثل هذه المثيرات او المواقف ضارة أو مخيفة. فالافراد الذين يعانون من مثل هذا الاضطرابات عادة ما يظهرون ردات فعل انفعالية شديدة من الخوف والقلق عند تعرضهم لمثل تلك المثيرات او المواقف. ويرى بن هارس (Ben Harris 1979) ان تشكل مثل هذه المخاوف لدى الافراد ما هو الا نتاج لعملية الاشراط الكلاسيكي (,Costin & Draguns 1989).

2- نظرية الاشراط الاجرائي Operant Theory

اهتم سكنر بدراسة وتفسير السلوكات الاجرائية الارادية التي تصدر عن الافراد

الفصل الثالث

على نحو هادف دون ان يكون بالضرورة هناك مثيرات قبلية تثيرها. ويرى ان مثل هذه السلوكات متعلمة ويتوقف تكرارها على النتائج البعدية (المثيرات البعدية) التي تتبعها. فهو يرى ان السلوك محكوم بنتائجه ومثل هذ النتائج تحددها البيئة. وهكذا فالسلوك وظيفة لنتائجه، حيث يتقوى السلوك ويتكرر (اذا كانت نتائجه تعزيزية)، في حين يضعف وتقل احتمالية ظهوره لاحقا اذا كانت مثيراته البعدية عقابية او مؤلمة.

بالاضافة الى فئة الاستجابات الاجرائية غير المسبوقة بمثيرات قبلية، تحدث سكنر عن فئة الاستجابات الاجرائية المسبوقة بمثيرات قبلية، تعرف باسم المثيرات التمييزية، حيث وجود مثل هذه المثيرات يؤدي الى احتمال حدوث استجابة شرطية معينة. فالمثير التمييزي يهيء الى ظهور استجابة شرطية معينة، يتكرر ظهورها بوجود ذلك المثير، وعندما يجري تعميم مثل هذه الاستجابة تصبح استجابة اجرائية.

واعتمادا على ما سبق، نجد أن الاضطرابات الانفعالية والسلوكية هي بمثابة استجابات متعلمة قد تكون اجرائية تم تدعيمها سابقا بمثيرات بعدية تعزيزية مما ساهم في تقويتها وزاد من تكرار ظهورها لدى الفرد كوسيلة لتحقيق وظيفه او نتائج تعزيزية. وقد تكون استجابات شرطية تعزز ظهورها بوجود مثيرات تمييزية قبلية وبنتائجها التعزيزية البعدية. كما أن مثل هذه الاضطرابات ربما تكون قد تشكلت لدى الفرد كوسيلة لتجنب العقاب.

فعلى سبيل المثال، قد يمارس الطفل السلوك العدواني لان مثل هذا السلوك تم تدعيمه بالسابق او لان نتائج مثل هذا السلوك معززة للطفل، كما ان الطفل يلجأ الى الكذب كنوع من السلوك التجنبي بسبب خبرات العقاب السابقة. وهكذا نجد ان سكنر يؤكد ان المثيرات البيئية التعزيزية والعقابية على انها المحددات الرئيسية للسلوك التكيفي وغير التكيفي (Kessen & Cahan, 1986).

3. نظرية التعلم الاجتماعي Social Learning Theory

تؤكد هذه النظرية أهمية الجانب الاجتماعي لعملية التعلم، فهي ترى ان السمة الاجتماعية من الطبيعة البشرية مسؤولة الى درجة كبيرة عن تعلم انماطاً معينة من السلوك والخبرة، بحيث تتباين مثل هذه الانماط تبعاً لاختلاف المجتمعات ونوعية الخبرات السائدة فيها. وتحديداً، فان هذه النظرية ترى ان التعلم يحدث من خلال الملاحظة والتقليد "Observing & Modling"س. فمن خلال ملاحظة سلوكات الاخرين وما

ينتج عنها من اثار عقابية او تعزيزية ينشأ الدافع لدى الافراد في تعلم أو عدم تعلم بعض الخبرات والانماط السلوكية. يرى باندورا (Bandura) ان التعلم من خلال الملاحظة والتقليد (النمذجة) يستند الى ثلاث عمليات اساسية هي:

أ. العمليات الابدالية:الخبرات والانماط السلوكية التي يتم تعلمها بطريقة مباشرة من خلال التفاعل مع المثيرات والمواقف يمكن تعلمها على نحو غير مباشر (بديلي) وذلك من خلال ملاحظة سلوكات الاخرين وتقليد مثل هذه السلوكات. وكما يؤثر كل من التعزيز والعقاب مباشرة في السلوك، يمكن لهما التأثير في سلوك الافراد على نحو غير مباشر؛ اي على نحو بديلي من خلال التأثر بخبرات التعزيز والعقاب المترتبة على سلوك النماذج التي يلاحظونها.

ب. العمليات المعرفية: هناك عمليات وسيطية تتدخل بين التعرض للمثيرات وانتاج الفعل السلوكي. حيث تلعب ادراكات وتوقعات الفرد ودوافعه دوراً في تحديد ما يتم تعلمه من سلوك النماذج.

جـ- عمليات التنظيم الذاتي: يعمل الفرد على اعادة تنظيم الخبرات التي يتم ملاحظتها، بحيث يظهر السلوك المناسب بما يتناسب والتوقعات التي يعتقد الفرد تحقيقها، وبما يتناسب مع طبيعة المواقف التي يواجهها.

وانطلاقاً من ذلك، يرى باندورا ان ليس كل ما يتم ملاحظته من اقوال او افعال او ايماءات يتم تقليدها من قبل الافراد، حيث تتدخل العمليات المعرفية وعمليات التنظيم الذاتي لتحدد ما ينبغي تعلمه أو اداؤه، وهذا بالطبع يشير الى الجانب الانتقائي لعملية التعلم من خلال الملاحظة (الزغول، 2003).

وحسب هذاالنموذج، نجد ان الفرد اثناء التفاعل مع الاخرين وملاحظة سلوكاتهم، يعمل على نحو انتقائي الى الانتباه الى بعض الجوانب السلوكية لديهم ويعمل جاهداً على تعلم البعض منها وتخزينها في الذاكرة رمزياً او لفظياً أو حركياً ليصار الرجوع اليها عندما يجد نفسه يتطلب استدعاء انماطاً معينة من السلوك. والانتقائية هذه لا تتعلق باختيار بعض انماط سلوك النماذج وتقليدها فحسب، لا بل تتعدى ذلك لتشمل الاداء. فمن خلال عملية التنظيم الذاتي، يعمل الفرد على اعادة تنظيم السلوكات والخبرات التي تم ملاحظتها وتعلمها وصياغتها على نحو ينسجم مع توقعاته وادراكاته واهدافه ...

يؤكد باندورا ان من خلال الملاحظة والتقليد، يمكن للافراد تعلم ثلاث انواع من نواتج التعلم هي:

أ. تعلم انماط سلوكية وخبرات جديدة ليست في حصيلة الفرد السلوكية السابقة.

ب. تحرير أو كف انماط سلوكية متعلمة سابقا، فمن خلال ملاحظة سلوك النماذج وما يترتب عليها من نتائج عقابية أو تعزيزية، يتعلم الفرد كف او تحرير سلوك. ويحدث الكف عندما نلاحظ نموذج يعاقب على سلوكه، اما التحرير فيحدث عندما نلاحظ نموذجاً يعزز او لا يعاقب على سلوكه.

جـ تنشيط سلوك وتسهيل ظهوره: ان ملاحظة سلوك النماذج تنشط سلوكاً لدينا وتسهل عودة ظهوره بعد ان كان في طي النسيان.

وهكذا فمن خلال عمليات التفاعل الاجتماعي وملاحظة سلوك الاخرين، يمكن تعلم العديد من الخبرات وانماط السلوك يمكن اجمالها بالآتي:

1. تعلم معظم جوانب السلوك الاجتماعي مثل العادات والتقاليد والاعراف والقيم ومهارات التفاعل والتواصل الاجتماعي والادوار الاجتماعية المرتبطة بالجنس.

2 . تعلم قواعد وقوانين السلوك والمبادئ الاخلاقية والدينية .

3. تعلم جوانب السلوك الحركي والمهارات الحركية العامة والدقيقة والمهارات الحرفية والمهنية والفنية والاكاديمية.

4. تعلم السلوك الانفعالي وتطوير الانفعالات المتعددة واساليب التعبير عنها، بالاضافة الى تعلم الميول والاتجاهات واساليب ادارة الذات والضبط الذاتي.

5. تعلم السلوك اللغوي ومهارات التعبير والمعاني واللهجة.

6. تعلم جوانب السلوك العقلي ومهارات التفكير واساليب حل المشكلات.

7. تعلم انماط السلوك غير السوي وغير الاجتماعي بالاضافة الى العادات السيئة وبعض الاضطرابات الانفعالية مثل الخوف والقلق والكره والعدوان.

وحسب هذه النظرية، فكما يتم تعلم السلوك السوي السليم من خلال التعرض الى سلوكات النماذج، يتعلم الافراد كذلك السلوك غير السوي؛ فقد يتعلم الفرد سلوكات غير تكيفية من خلال النماذج المعززة مثل الغش، والكذب والاعتمادية، والقلق والعدوان

74

والسرقة والغيرة وتعاطي المخدرات والادمان على المسكرات والتدخين والهروب من البيت والمدرسة والانحراف والجنوح والى غير ذلك من الانماط السلوكية غير السوية.

فالاضطرابات الانفعالية والسلوكية تنشأ لدى الاطفال نظراً لقلة خبراتهم وضعف قدراتهم على ادارة الذات فهم يمتازون بالحساسية والشفافية وسرعة الاستثارة والتأثر بالاخرين. ومن هنا نجد انهم سرعان ما يتأثرون بالنماذج ويتعلمون العديد من انماطهم السلوكية السوية منها وغير السوية. ونتيجة لتعرضهم المتكرر والمستمر لبعض النماذج التي تمارس سلوكات مضطربة، فقد يتعلمون مثل هذه السلوكات ولا سيما اذا كانت هذه السلوكات معززة.

4. نظرية المحاولة والخطأ: Learning by Trail & Error

يرى ثورنديك في نظرية المحاولة والخطأ ان تعلم السلوك يأتي استجابة لموقف مثيري او اشكالي يواجه الفرد. فالفرد اثناء تفاعلاته اليومية يواجه مواقف مثيرية او اشكالية تتطلب منه القيام بسلوك معين، حيث يتعلم مثل هذا السلوك من خلال المحاولة والخطأ. ويتم ارتباط حل ما في موقف مثيري او اشكالي معين تبعاً للاثر البعدي (حالة الرضا) التي تتبعه مما يعزز هذا السلوك لديه بحيث يتكرر مستقبلا في ذلك الموقف او المواقف الاخرى المماثلة.

ويرى ثورنديك ان اساليب التعبير عن الانفعالات متعلمة وفقاً لمبدأ المحاولة والخطأ، حيث جاءت نتاج خبرات النجاح والفشل التي مر بها الفرد اثناد تفاعلاته المتراكمة. وانطلاقاً من ذلك، فالاضطرابات الانفعالية والسلوكية التي يمارسها الافراد ما هي الا نماذج سلوكية ثم تعلمها بالمحاولة والخطأ وتعززت مثل هذه السلوكات وازادت احتمالية تكرارها لديهم نظراً للاثر البعدي المترتب عليها ممثلاً في حالة الرضا والارتياح.

ثالثاً: النظرية البيئية: Ecological Theory

تعزو هذه النظرية اسباب الاضطرابات الانفعالية والسلوكية لدى الافراد الى عوامل الاستثارة البيئية غير المناسبة. وترى ان نوعية تفاعلات الفرد مع البيئة وما توفره البيئة له من خبرات تحدد الانماط السلوكية لديه. فالبيئة السليمة التي توفر خبرات معتدلة ومتوازنة وايجابية تسهم في النمو السليم للفرد وتساعده بالتالي في تطوير الانماط

السلوكية التكيفية، في حين تسهم البيئات المضطربة التي توفر فرصاً وخبرات سيئة في توليد الاضطرابات الانفعالية والسلوكية لديه (Swanson,1984). وتشمل البيئة كل ما يحيط بالفرد ويتفاعل معه من مثيرات مادية فيزيائية محسوسة ومؤثرات ومواقف اجتماعية؛ فهي تمثل الوسط الذي يعيش وينمو فيه.

لقد دلت نتائج العديد من الدراسات النفسية والتربوية والاجتماعية والتي اجريت في مختلف البيئات والمجتمعات، على ان شخصية الافراد وخصائصهم النمائية تتوقف الى درجة كبيرة على نوعية العناصر المادية والثقافية والاجتماعية السائدة فيها بالاضافة الى نوعية الخبرات التي توفرها لافرادها . فحسب وجهة هذه النظرية، فالفرد ليس مستقلاً او منفصلا عن بيئته، فهو يتأثر بكل ما هو موجود فيها وبمطالبها وبمشكلاتها والتي تفرض عليه بالتالي انماطاً معينة من السلوك، حيث يطور الفرد فلسفته الشخصية اتجاه البيئة والاخرين تبعا لنوعية الخبرات والمعطيات والمشكلات التي يواجهها في بيئته.

تدرس هذه النظرية اثار العوامل البيئية المادية والاجتماعية ونمط العلاقات المتبادلة بين الافراد وبيئاتهم في انماط السلوك والقرارات الشخصية والمهنية (Shea, 1987). وترى ان الاضطرابات الانفعالية والسلوكية ما هي الا نتاج للخبرات البيئية غير المناسبة التي يتعرض لها الفرد اثناء نموه، وما يترتب عليها من اختلال في طبيعة العلاقة القائمة بينه وبين بيئته. ففي هذا الصدد، يرى هارنج وفيليب (Haring & Philps) ان السلوك المضطرب هو نتاج العلاقة غير المتزنة بين الفرد وبيئته والممثلة بالاحداث المادية والرفاق والوالدين والمدرسون. هذا وتنطلق النظرية البيئية في تفسيرها للاضطرابات الانفعالية والسلوكية من عدد الافتراضات هي:

أولاً: الاضطرابات الانفعالية والسلوكية لا تمثل حالات مرضية بحد ذاتها وانما هي مجرد مظاهر لحالات عدم التوازن بين الفرد والبيئة التي يعيش فيها.

ثانيا: الفرد ليس مستقلا او منفصلا عن البيئة التي يعيش فيها ويتفاعل مع عناصرها، فهو يمثل عنصراً في انظمة اجتماعية متباينة من حيث ديناميتها تبدأ بالاسرة ومروراً بجماعات الرفاق والاصدقاء وزملاء العمل وانتهاءاً بالمجتمع الكبير.

ثالثا: قد ينشأ الاضطراب السلوكي أو الانفعالي لدى الفرد كنتاج لعدم توافق او تكافؤ قدراته وتوقعاته مع مطالب المجتمع ومشكلاته.

واعتماداً على ذلك، فهي ترى امكانية تخفيض حده الاضطرابات الانفعالية والسلوكية لدى الافراد، وفق عدداً من العمليات تتمثل في إحداث التغيير في توقعات وادراكات الفرد او من خلال الضبط البيئي المتمثل في إحداث التغيرات في محتوى البيئة او من خلال إحداث التغيير في كل من تصورات الفرد وادراكاته ومحتوى البيئة.

ترى هذه النظرية ان هناك جملة عوامل بيئية قد تقف وراء توليد الاضطرابات الانفعالية والسلوكية لدى الافراد وتتمثل هذه العوامل بما يلي:

1. العوامل الجغرافية: مثل الموقع والمناخ والتضاريس والامكانيات والموارد المادية المتاحة، ومثل هذه العوامل قد تفرض على الافراد مطالب وتحديات تزيد من حجم الضغوط عليهم، مما يتسبب في توليد اضطرابات انفعالية وسلوكية لديهم.

2. العوامل الحضارية والثقافية: مثل العادات والتقاليد والطقوس والقيم والتحديات والطموحات التاريخية والمعايير الثقافية والتي تسهم الى درجة كبيرة في حدوث الاضطرابات لدى الافراد واختلال الصحة النفسية لديهم. فالمجتمعات المتشددة في معاييرها والتي تسود فيها انماطاً وقوالباً جامدة غير مرنة من قواعد السلوك بالاضافة الى انها تفرض على افرادها حجماً كبيراً من التوقعات تسهم بلا شك في توليد الاضطرابات السلوكية لديهم. كما تلعب المشكلات الاجتماعية والاقتصادية التي تعاني منها المجتمعات دوراً في ذلك، حيث تزداد المطالب المتعلقة بظروف العمل والسكن وتوفير الخدمات، مما يزيد ذلك من حجم الضغوط لدى الافراد.

من جهة اخرى، قد تتولد الاضطرابات الانفعالية والسلوكية لدى الافراد كنتاج للتطور الحضاري والثقافي السريع والذي يتطلب من الافراد مجاراة مثل هذا التطور، بحيث يزداد حجم الاعباء والمسؤوليات عليهم، نظراً لعدم توفر الوقت للراحة والاسترخاء وممارسة الهوايات، والاستغراق في العلاقات الاجتماعية ورعاية افراد الاسرة او لعدم توفير الامكانات المادية المتزايدة استجابة لمطالب هذا التطور (عبد اللـه، 2001).

3 . عوامل التنشئة الاجتماعية:Socialization Process

تعمل التنشئة الاجتماعية على تحويل الفرد من كائن بيولوجي الى كائن اجتماعي من خلال تعليمه الخبرات الاجتماعية والثقافية والادوار الاجتماعية وقواعد السلوك. تبدأ عملية التنشئة الاجتماعية منذ مرحلة الولادة وتستمر خلال مراحل حياة الانسان،

بحيث يفترض بالفرد تعلم واكتساب الخبرات والمعارف المناسبة لكل منها وذلك حسب طبيعة الثقافة السائدة في مجتمعه.

تلعب المؤسسات الاجتماعية كالاسرة والمدرسة والمؤسسات الاخرى التعليمية والدينية والثقافية دوراً في عمليات التطبيع الاجتماعي، وذلك بما تمارسه من اساليب الرعاية وبما توفره من خبرات لافرادها.

أ: الاسرة: Family

تشكل الاسرة العامل الاول والاساسي في بناء شخصية الافراد وتطويرها ، ففيها يتم تكوين اللبنة الاولية من شخصية الافراد لانها اول بيئة اجتماعية ينشأؤون فيها ويتفاعلون مع متغيراتها. فالاسرة توفر عوامل الحب والحماية والرعاية والامان والدفء والغذاء، وتوفر كذلك الخبرات المعرفية والاجتماعية والانفعالية واللغوية والاخلاقية للافراد. ففي الاسرة يتعلم الطفل الكثير من الخبرات كاللغة والقيم والاخلاق وقواعد السلوك، وفيها يتم التنميط الاجتماعي وتعلم الادوار المرتبطة بالجنس، وهي التي تعنى بالفرد وتزوده ببعض الخبرات المعرفية وتعمل على تنميته انفعالياً وتسهم الى درجة كبيرة في تكيفة النفسي والاجتماعي.

تلعب نوعية الخبرات والتفاعلات التي يعايشها الفرد في الاسرة في درجة تكيفه النفسي والاجتماعي. وقد تنشأ الاضطرابات الانفعالية والسلوكية لدى الاطفال كنتاج لنوعية الخبرات التي يتعرضون لها وانواع التفاعلات السائدة في الاسرة. ان وجود الخلافات الزوجية او التشدد في اساليب التربية والتدريب أو التساهل والاهمال او الحرمان بسبب الظروف الاقتصادية وانشغال الوالدين عن الابناء واضطراب العلاقات بين افراد الاسرة ينعكس سلبيا في نمو الاطفال وفي بناء شخصيتهم، وهذا بالتالي يؤدي الى توليد بعض الاضطرابات السلوكية او الانفعالية لديهم.

وتجدر الاشارة هنا الى نتائج الدراسات التي بحثت بطبيعة مثل هذه العلاقات، وجدت ان مثل هذه العلاقات تبادلية، فكما يؤثر الاباء في سلوكات ابناءهم، نجد ان سلوكات اباءهم تتأثر بالمقابل بممارسات الابناء. وهكذا فالعلاقات التفاعلية المتوازنة في الاسرة تكفل سلامة الصحة النفسية لدى الابناء وفي تعلمهم انماط السلوك التكيفي السليم (عبد الله، 2001).

ب: المدرسة:School

تعد المدرسة البيئة الاجتماعية الثانية التي ينمو فيها الطفل ويتعرض فيها الى الكثير من الخبرات المعرفية والاكاديمية واللغوية والاجتماعية بالاضافة الى تفاعلاته المستمرة مع الاقران والمدرسون، والتعرض الى المواقف السارة منها والمؤلمة. وبالتالي فان نمو الطفل الشخصي يعتمد الى درجة كبيرة على نوعية الخبرات وطبيعة العلاقات التي يواجهها الطفل في المدرسة.

ومع ان بعض الاطفال يذهبون الى المدرسة وهم يعانون من بعض الاضطرابات الانفعالية والسلوكية والتي كانت قد تشكلت عندهم سابقاً في الاسرة، فقد تسهم المدرسة اما في تفاقم مثل هذه الاضطرابات او تخليص الاطفال منها، في الوقت الذي قد تعمل فيه المدرسة على تطوير بعض الاضطرابات الاخرى لدى اطفال اخرين.

ففي المدرسة تزداد المطالب ويسود فيها مناخ يفرض على الافراد اكتساب خبرات اكاديمية ومعرفية واجتماعية معينة والطاعة والالتزام بالانظمة والتعليمات والدخول في علاقات اجتماعية متعددة مع الاقران والمدرسون، وكل هذا قد يشكل خبرات سارة أو مؤلمة للطفل، مما يؤثر بالتالي في نوعية الاتجاهات التي يطورها، وفي طبيعة انماطه السلوكية وتفاعلاته.

رابعاً: النظرية البيوفسيولوجية:Biophysiological Theory

ترى هذه النظرية ان الاضطرابات الانفعالية والسلوكية التي يعاني منها الافراد هي ذات منشأ بيولوجي - فسيولوجي، حيث يولدون ولديهم الاستعداد لذلك (Kirk& Gallagher,1989).

فالاضطرابات الانفعالية او السلوكية حسب هذه النظرية تعود في اسبابها الى عوامل عصبية او جينية او بيوكيمائية او فسيولوجية، حيث تعمل مثل هذه العوامل على توليد او تفاقم الاضطراب السلوكي لدى الافراد. فعلى سبيل المثال، تشير الدلائل العلمية الى ارتباط حالات التوحد لدى الاطفال بالاختلال وعدم التوازن الكيمائي في اجسامهم، في حين وجد ان النشاط الزائد وتشتت الانتباه يرجع في احد اسبابه الى خلل أو تلف بسيط في الخلايا العصبية.

وبالرغم من عدم ظهور الاضطرابات الانفعالية والسلوكية لدى بعض الافراد، فهذا لا

يعني بالضرورة عدم وجود الاستعداد البيولوجي لديهم. فالاستعداد البيولوجي قد يدفع بالبعض الى تطوير الاضطراب السلوكي في الوقت الذي يبقى كامناً لدى البعض الاخر من الناس. هذا ويمكن اجمال العوامل البيولوجية - الفسيولوجية على النحو التالي:

أ. الوراثة: Heridity

تعرف الوراثة على انها عملية انتقال الصفات من الاباء الى الابناء بواسطة الجينات. تشتمل الخلايا الانسانية على (46) كروموسوماً كل منها يحمل الاف الجينات الوراثية، ومثل هذه الجينات تحدد الصفات الجسمية والاستعدادات لدى الافراد، حيث تتوقف خصائصهم واستعداداتهم على نوعية الجينات التي تنتقل اليهم من الاباء. يبدأ التكوين البشري عند التقاء الحيوان المنوي الذكري بالبويضة الانثوية، حيث يتشكل الزايجوت لينمو ويتطور وفق عمليات الانقسام الاختزالي وغير المباشر ليصبح انساناً مكتملاً عند نهاية مرحلة الحمل. يتألف كل من الحيوان المنوي الذكري والبويضة الانثوية على (23) كروموسوم، اثنان وعشرون منها مسؤولة عن تحديد الصفات الجسمية كالطول واللون وشكل الانف ولون العيون والاستعداد للاصابة ببعض الامراض بالاضافة الى الاستعدادات النفسية، وكروموسوم واحد مسؤول عن تحديد جنس المولود، ويحمل عند الذكر الطرز الجينية (Xy) وعند الانثى(XX). واعتمادا على نوعية الجينات الموروثة في كل من الحيوان المنوي والبويضة تتحدد خصائص الفرد الجسمية واستعدادته النفسية بالاضافة الى جنسه. فاذا كان الحيوان المنوي يحمل الجين (y) عندها يكون المولود ذكراً، اما اذا كان يحمل الجين (X) عندها يكون جنس المولود انثى على اعتبار ان الانثى دائما تعطي الجين الجنسي(x) (Goldman, 1992).

واعتماداً على ذلك، قد تقف العوامل الجينية وراء حدوث الاضطرابات السلوكية والانفعالية لدى بعض الافراد اعتماداً على نوعية الجينات التي تنتقل اليهم من الوالدين. لقد اظهرت نتائج الدراسات التي اجريت على التوائم المتماثلة وتلك التي درست السلالات (شجرة العائلة) تأكيد دور العوامل الوراثية في التسبب في الاضطرابات الانفعالية والسلوكية لدى الافراد. فقد وجد ان فصام الطفولة والخلل الدماغي والشيزوفرنيا وبعض الاضطرابات الاخرى تنتقل بالموروثات (الخلايا الجينية) او نتيجة خلل في الاداء الوظيفي لهذه الخلايا. كما وجد ان السلوك الاجرامي

الاتجاهات النظرية في تفسير الاضطرابات الانفعالية

والعدواني يرتبط الى درجة كبيرة بوجود جين ذكري زائد (Y) لدى الافراد، حيث اظهرت نتائج الدراسات ان التركيب الجيني (Xyy) يظهر لدى البعض من الجانحين ومرتبكي الجرائم (عبد الـلـه، 2000).
وتظهر نتائج دراسات اخرى وجود استعداد وراثي لدى البعض من الافراد لتطوير مشاعر الاكتئاب وبعض الاضطرابات النفسية الاخرى.

ب. العوامل العصبية Neural Factors

يتألف الجهاز العصبي الانساني من بلايين الخلايا العصبية يوجد القسم الاكبر منها في الدماغ. يعمل الدماغ على تخطيط وتنفيذ ومراقبة معظم الانشطة الانسانية الفسيولوجية والفكرية والانفعالية والحركية واللغوية، حيث انه يعمل على التنسيق بين عمل الخلايا العصبية المستقبلة للاحاسيس والخلايا العصبية المستجيبة. ويكون اداء الدماغ في اعلى مستوياته عندما يتكامل عمل الخلايا العصبية معا وتنشط في تشكيل الممرات العصبية فيما بينها.
ان الخلل في وظائف الخلايا العصبية لبعض مناطق الدماغ او تعرضها إلى بعض التلف اوالاصابة قد يتسبب في خلل في الانماط السلوكية لدى الافراد، والتي قد تتبدى في بعض اشكال الاضطرابات السلوكية . فعلى سبيل المثال، التلف البسيط في خلايا القشرة الدماغية أو الاختلال في الاداء العصبي قد يؤدي الى الاضطراب السلوكي المعروف بالنشاط الزائد والتشتت في الانتباه، في حين التلف الشديد قد يتسبب في حدوث الاعاقات العقلية والحركية (Quay etal.,1987).

جـ- العوامل البيوكيمائية:Biocehemical Factors

تعتمد الوظائف النفسية على مدى توازن الانشطة العضوية وتكامل اداء الاجهزة الجسمية المختلفة معاً. فالخلل في اداء اي عضو أو جهاز من الاجهزة الجسمية ينعكس سلباً في الاداء النفسي والسلوكي لدى الفرد. هذا ويعد التوازن الكيميائي في الجسم الانساني من العوامل الهامة في السلوك نظراً لدوره في التحكم في عمليات النمو من جهة وتنظيم عمليات البناء والهدم، أو ما يعرف بعملية التمثيل الغذائي من جهة أخرى.

إن الاختلال في التوازن الكيمائي للدماغ يؤدي بما لا يدعو للشك الى اشكال الاضطراب السلوكي لدى الافراد بما ينتج عنه من خلل في عملية التوصيل بين الخلايا العصبية. فمن المعروف ان التوصيل العصبي بين الخلايا العصبية يتم من خلال النواقل العصبية، وهي مواد كيمائية بعضها ذو صفة اثارية والبعض الاخر ذو صفة تضبيطية. فعند حدوث اي اضطراب في كيمياء الدماغ فان ذلك يؤدي الى سوء الاداء الوظيفي للدماغ الامر الذي يتسبب في الاختلال السلوكي او النفسي لدى الفرد.

لقد وجد ان الاختلال في كمية النواقل العصبية من حيث الزيادة والنقصان يرتبط الى درجة كبيرة في الاضطرابات السلوكية لدى الافراد، فعلى سبيل المثال ، يؤثر الناقل العصبي المعروف باسم الاستيل كولين في عمليات التعلم والانتباه والتذكر، في حين يرتبط الناقل العصبي السيروتنين بالاضطرابات مثل الانتباه والعدوان والعنف والاستحواذية. اما الدوبامين فيرتبط بالانشطة الحركية وعمليات التعلم، حيث النقص فيه يؤدي الى اعراض باركنسون، كما ويلعب النوبنفرين دوراً بارزاً في تنظيم المزاج والسلوك الانفعالي لدى الافراد، في الوقت الذي يؤثر فيه الناقل العصبي (جابا) في اعراض القلق والصرع والرهاب (Davis & Palladino, 2004). بالاضافة الى اضطراب كمياء الدماغ هناك الاضطرابات التي تحدث بسبب الخلل في افرازات الغدد والتي تنعكس كذلك سلباً في مستوى نمو الافراد وفي ادائهم النفسي والسلوكي، فحالات التهجيج وسرعة الاستثارة واضطرابات الادراك تحدث بسبب نقص هرمون الانسولين التي تفرزه البنكرياس، في حين يرتبط الخوف والقلق والغضب والميل الى المهاجمة اوالانسحاب بمستوى هرمون الادينارلين التي تفرزه الغدة الكظرية. اما حالات التبلد والميل الى الكسل وتدهور الذاكرة فيتسبب بنقص هرمون الثيروكسين التي تفرزه الغدة الدرقية (الهنداوي والزغول، 2002) . وهكذا نجد ان الاضطرابات الانفعالية والسلوكية لدى الافراد قد ترتبط بدرجة كبيرة بالاختلال في افراز الهرمونات والانزيمات التي تفرزها الغدد المختلفة.

د- عوامل اخرى Other Factors

هناك عوامل اخرى قد تقف وراء حدوث الاضطرابات الانفعالية والسلوكية لدى الاطفال ومن هذه العوامل ما يلي:

1. العوامل النمائية: حيث الخلل في عمليات النمو قد يتسبب في بعض اشكال الاضطراب الانفعالي أو السلوكي لدى الاطفال ، ومن هذه الاضطرابات فصام الطفولة والقلق.

2. العيوب والتشوهات الجسمية: ان وجود بعض التشوهات في اعضاء الجسم سواءاً من حيث الشكل أو الحجم قد يؤدي الى الشعور بالنقص والدونيه، الامر الذي ينتج عنه بروز بعض اشكال الاضطراب السلوكي او الانفعالي لدى الافراد.

3. الخلل في الحواس، ان نقص كفاءة الحواس او البعض منها يؤثر في عمليات الانتباه والادراك لدى الفرد، وهذا بالتالي ينعكس سلبياً في الاداء النفسي والسلوكي لديه.

4. المعاناة من بعض الامراض مثل امراض الدم والتهاب الدماغ والسحايا وغيرها قد تسهم في اثارة وتوليد الاضطرابات السلوكية والانفعالية لدى الافراد.

مصطلحات الفصل الثالث

Avoidance Behavior	سلوك تجنبي/ هروبي
Associations	ارتباطات
Behavioral Theory	النظرية السلوكية
Biophysiological	بيوفسيولوجي
Balance	توازن
Behavioral Conquences	توابع السلوك
Concept	مفهوم
Connections	وصلات
Cognitive Process	عملية عقلية
Cheating	غش
Conditional Stimulus	مثير شرطي
Conditioned Response	استجابة شرطية
Decisions	قرارات
Early Childhood Stage	مرحلة الطفولة المبكرة
Ecological Theory	النظرية البيئية
Eros	دافع/ طاقة الحياة
Ego	الانا
Expectations	توقعات
Economic Factors	عوامل اقتصادية
Excitation	اثارة/ تهيج
Explicit Behavior	سلوك ظاهري
Extinction	انطفاء
Heridity	وراثة
Imitation	تقليد
Implicit Behavior	سلوك ضمني
Inhibition	كبح/ كيف
Interpertation	تفسير
Memories	ذكريات

Meanings	معاني
Modeling	نمذجة / محاكاة
Natural Stimulus	مثير طبيعي
Natural Response	استجابة طبيعية
Neutral Stimnlus	مثير محايد
Operant Conditioning	اشراط اجرائي
Phobia	خوف مرضي
Personality Dynamics	ديناميات الشخصية
Priblem Solving	حل المشكلة
Physical	مادي/ جسمي
Psychosocial Growth	نمو نفسي اجتماعي
Psychoanalytic Theory	نظرية التحليل النفسي
Punishment	عقاب
Reinforcement	تعزيز
Reflexes	منعكسات
Repressed Motives	دوافع مكبوتة
Recalling	استرجاع
Self Regulation	تنظيم الذات
Salivation	لعاب
Sexual Desire	رغبةجنسية
Traditional	تقليدي
Trail & Error	محاولة وخطأ

الفـــصل الثـــالث

الفصل الرابع

البرامج الارشادية والعلاجية للمضطربين انفعالياً وسلوكيا
Counseling and Clinical Programs

- تمهيد
- المنحى السلوكي
- منحنى التحليل النفسي
- التدخل البيئي
- التدخل البيوفسيولوجي

88

الفصل الرابع

البرامج الارشادية والعلاجية للمضطربين
انفعالياً وسلوكيا

تمهيد:

تتباين البرامج الارشادية والعلاجية المستخدمة للمضطربين انفعاليا وسلوكيا تبعاً لعدة عوامـل منها
طبيعة الاضطرابات من حيث مسبباتها واعراضها وكذلك الافتراضات النظرية والفلسفة التي تنطلق منها
مثل هذه البرامج. ولا يمكن بأي حال من الأحوال القول بان هناك برامج اكثر فعالية من غيرها وذلك
لان مثل هذه الاضطرابات متعددة ومتباينة في اسبابها واعراضها. ففي الوقت التي قد تصلح فيه البرامج
الارشادية والعلاجية المستندة الى الاجراءات السلوكية في علاج بعض الاضطرابات الانفعالية والسلوكية،
نجد انها غير فعالة نوعاً ما في علاج اضطرابات اخرى، ومثل هذا قد ينطبق على اجراءات التحليل
النفسي والنظرية البيوفسيولوجية. وفي هذا الفصل سوف يتم التعرض الى بعض اشكال التدخل الارشادي
والعلاجي القائم على اجراءات النظريات السلوكية ونظريات التحليل النفسي ونظريات التدخل البيئي.

أولاً: المنحنى السلوكي Behavioral Approach

يستند المنحى السلوكي الى افتراض رئيسي مفاده ان السلوك المضطرب او غير السوي متعلم كباقي
السلوكات الاخرى، ويمكن تعديل او ازالة هذا السلوك من خلال التحكم بمثيراته البيئية، على اعتبار ان
مثل هذه المثيرات تعد المحددات لمثل هذا

89

السلوك. واعتماداً على ذلك، فان المنحى العلاجي السلوكي يلجأ الى توظيف برامج تعديل السلوك المناسبة وفقا لنوع السلوك المُشكل من حيث شدته وشروط وظروف حدوثه. توظف برامج تعديل السلوك عدداً من المبادئ والمفاهيم المستمدة من النظريات السلوكية المتعددة كنظريات الاشراط الكلاسيكي والتعلم الاجرائي والتعلم من خلال الملاحظة والتقليد (Martin & Pear, 1988). وتعمد مثل هذه البرامج الى تغيير ظروف وشروط السلوك البيئية سواءاً من خلال التحكم بمثيراته القبلية (المثيرات التمييزية) او من خلال التحكم بالمثيرات البعدية (نتائج السلوك) أو بالتحكم بكلا الشروط القبلية والبعدية.

وعند تصميم برامج التعديل السلوكي لا بد للاخصائي من مراعاة الاجراءآت التالية:

1. تحديد الظاهرة السلوكية أو السلوك المستهدف Difining Target Behavior

وفي هذا الاجراء يتم تشخيص وتحديد السلوك المضطرب غير المرغوب والمراد ازالته أو تعديله لدى الفرد، بحيث يتم تحديد ظروف حدوثه ومدى تكراره وشدته واستمراريته وما يترتب عليه من نتائج واثار. وقد يلجأ الاخصائي هنا الى تقارير الفرد الذاتية عن مشكلته اذا كان واعياً لسلوكاته وذاته، ويمكن اشراك الوالدين والمعلمين والاقران والاخصائين التربويين والاجتماعيين في ذلك (,Azarof & Mayer 1986). ومن الجدير ذكره، انه يفترض بالدرجة الاولى التأكد من عدم وجود اسباب عضوية تقف وراء حدوث مثل هذا السلوك. وفي حال التأكد من خلو الفرد من الاسباب العضوية، يفترض بالاخصائي، تحديد السلوك المستهدف وتعريفه بشكل واضح ودقيق على نحو يكون فيه قابلاً للملاحظة والقياس. وفي حال وجود أكثر من مشكلة سلوكية لدى الفرد، عندها يقتضي الامر ترتيب مثل هذه المشاكل على نحو متسلسل حسب اهميتها ومدى حاجة الفرد، بحيث يتم التعامل مع هذه المشاكل على نحو متسلسل مما يتيح بالتالي من تخليص الفرد منها ومساعدته على التكيف والاداء النفسي الفعّال.

2. تحديد الهدف من البرنامج العلاجي: Difining The Program Objectives

بعد عملية التعرف على السلوك المستهدف المراد تعديله أو ازالته، يجري تحديد

الاهداف المتوخاة من البرنامج العلاجي لان مثل هذه الاهداف تعمل كموجهات للاخصائي من حيث مساعدته في تحديد السلوك النهائي الذي يطمح في الوصول اليه وفي اختيار اساليب واستراتيجيات التدخل والعلاج المناسبه (Costin & Draguns, 1989). بالاضافة لذلك تساعد، الاهداف في التعرف على مستوى التقدم الذي يحققه البرنامج العلاجي، من خلال مقارنة مستوى السلوك الذي يتم التوصل اليه بالمستوى القاعدي الذي كان عليه عند بداية تطبيق البرنامج.

وفي الغالب يلجأ الاخصائي الى تحديد نوعين من الاهداف في برامج التعديل السلوكي وهما (ابو حميدان، 2003):

أ. الاهداف قصيرة المدى: وتتمثل في مجموعة الخطوات الاجرائية التي تمكن الفرد من الانتقال التدريجي من مستوى الى مستوى سلوكي افضل باتجاه تحقيق الهدف أو الغاية النهائية. وتحديداً يمكن اعتبارها مجموعة التحسنات الجزئية التي يفترض احداثها في سلوك الفرد والتي تشكل في مجموعها السلوك النهائي المستهدف.

ب. الاهداف طويلة المدى: وهي التغيرات النهائية التي يطمح الاخصائي احداثها في سلوك الفرد. وبلغة اخرى تتمثل مثل هذه الاهداف في علاج المشكلة السلوكية لدى الفرد وتخليصه من السلوك المضطرب.

3. اختيار اساليب واستراتيجيات العلاج المناسبة:Selecting Therapy Strategies

في ضوء عملية التعرف عى طبيعة السلوك المضطرب لدى الفرد والاهداف المتوخاة من البرنامج العلاجي، يتم اختيار اساليب واستراتيجيات التدخل العلاجي المناسب. ويحب على الاخصائي قدر الامكان الابتعاد عن الاساليب العلاجية المنفرة الا في حالة ثبات فعاليتها في علاج السلوك المضطرب، ولا سيما عندما تفشل الاساليب التعزيزية غير المنفرة.

وحسب هذا المنحنى يمكن للاخصائي في البرنامج العلاجي توظيف انواعاً محددة من المبادئ والمفاهيم السلوكية او توليفه من هذه المبادئ والمفاهيم(Paul & Epanchin,1992) .

فكلما تنوعت اجراءات العلاج السلوكي وجرى فيها دمج عددا من المبادئ معاً، كانت

اكثر فعالية في تحقيق الاهداف المرجوه. هذا ويمكن اللجوء الى المبادئ والاجراءات التالية في برامج التعديل السلوكي:

أ. توظيف مبادئ الاشراط المنفر والاشراط الجاذب.

ب. توظيف مبدأ ازالة فرط الحساسية التدريجي من مثيرات معينة تقف وراء حدوث السلوك المضطرب.

جـ التحكم في نتائج السلوك واللجوء الى توظيف اجراءات التعزيز السلبي والايجابي بالاضافة الى اجراءات العقاب السلبي والايجابي.

د. توظيف اجراءات الاقصاء والعزل، سواءاً بازالة المثيرات التعزيزية من بيئة الفرد أو نقل الفرد من البيئة المعززة له.

هـ توظيف اجراءات التعزيز التفاضلي. وذلك بتعزيز السلوك المستهدف في بعض الظروف او في حالات محددة وعدم تعزيزه في ظروف او حالات اخرى.

و. استخدام النماذج وذلك من خلال عرض نوعين من النماذج.

1. نماذج تمارس سلوكا غير مرغوب فيه وقد تعرضت للعقاب لقاء سلوكها هذا.

2. نماذج تمارس سلوكا مرغوب فيه أو مشابه للسلوك المستهدف وقد تعرضت للتعزيز لقاء هذا السلوك.

ز. التدريب على التفاعل الاجتماعي ولعب الادوار مع مراقبة سلوك الافراد الذين يعانون من الاضطراب السلوكي والانفعالي ومحاولة توجيههم وتدريبهم على ضبط الذات وادارتها.

ح. استخدام مبادئ التعاقد السلوكي وهو ما يعرف بعقد بريماك .

ط: ضبط المثيرات ولا سيما تلك التي وجودها يساعد على ظهور السلوك المضطرب وذلك من خلال ازالتها او الحد منها.

ي: تعزيز السلوك البديل المرغوب فيه من خلال اجراءات تشكيل السلوك.

4. تطبيق البرنامج العلاجي ومراقبة فعاليته Implementing The Program

وفي هذا الاجراء يتم تطبيق البرنامج العلاجي ومراقبة سيره، بحيث يجب على الاخصائي ملاحظة وقياس مستوى التقدم الذي يتم احرازه. وفي حال عدم فعالية

الاجراءات، يقتضي الامر اعادة النظر في بعض الاجراءات والعمل علي توظيف اجراءات أخرى بغية الوصول الى النتائج النهائية المرجوه، وهي تعديل السلوك المستهدف لدى الفرد.

5. تقييم فعالية البرنامج Evaluating The Program

وفي هذا الاجراء يتم تقييم مدى جدوى البرنامج وفعاليته في تحقيق الاهداف النهائية، ومدى نجاحه في علاج السلوك المضطرب او الانفعالي لدى الفرد. وهنا يأخذ التقييم الطابع الشمولي ليأخذ بعين الاعتبار الاهداف والاجراءات والاساليب ومدى كفاءة الاخصائي وزمن البرنامج والبيئة التي استخدم فيها.

تجدر الاشارة هنا الى أن فعالية برامج تعديل السلوك ومدى نجاحها في احداث التغيير السلوكي المرغوب يتأثر بجمله من العوامل تتمثل بالآتي:

أ. المراقبة الذاتية Self Monitoring

ويقصد بذلك تقيد الفرد والتزامه بأجراءات برنامج التعديل السلوك والابتعاد عن الغش والادعاء بتنفيذ اجراءاته طمعاً بالحصول على المعززات او التعاطف من الاخرين.

ب. الدعم الاجتماعي Social Support

ويعني ذلك ضرورة تعاون كافة الاطراف ذات العلاقة كالوالدين والمعلمون والمرشدون في تنفيذ اجراءات برنامج التعديل السلوكي وتقديم الدعم اللازم طوال تطبيق البرنامج.

حـ ضبط المثيرات Stimuli Control

ويقصد بذلك ازالة جميع المثيرات التي تهيئ الى ظهور او تشجع السلوك المضطرب من البيئة من اجل مساعدة الفرد على التخلص من هذا السلوك.

أ- التهيؤ العقلي Cognitive Restructuring

يتوقف نجاح العلاج السلوكي على مدى اقتناع الفرد بوجود مشكلة سلوكية لديه والرغبة الحقيقية في التغيير والتخلص من هذه المشكلة.

ثانياً: منحى التحليل النفسي Psychoanalysis Approach

يرى هذا المنحى ان اسباب الاضطرابات النفسية يرجع الى دوافع وصراعات لم

93

تحل بحيث تكون مدفونة ومكبوتة في اللاشعور، ومثل هذه الدوافع والصراعات تظهر بشكل غير مباشر في انماط السلوك المختلفة لدى الافراد لتبدو على شكل اضطرابات نفسية: سلوكية وانفعالية (عبد اللـه، 2001). ومن هنا يركز العلاج القائم على اجراءات التحليل النفسي على محاولة تشخيص الاسباب الدفينة التي تقف وراء الاضطرابات ومساعدة الافراد على استخراج الخبرات والدوافع غير السارة المكبوتة في اللاشعور خلال مراحل النمو المختلفة ولا سيما مراحل الطفولة المبكرة، من اجل تفهمها وجعل منها خبرات شعورية مقبولة بجيث لا تعود للتأثير اللاشعوري في السلوك (زيغور، 1984). يؤكد هذا المنحى عملية التشخيص النفسي الدينامي لشخصية الافراد على اعتبار ان الاضطرابات هي احدى مظاهر عدم النمو المناسب أو نتيجة لعمليات الضبط غير المناسب للدوافع مما يترتب على ذلك حدوث خلل في عمليات التكيف بشقيه النفسي والاجتماعي. وفي الغالب تتم عملية التشخيص باشتراك اكثر من اخصائي وفي المجالات المتعددة كاخصائي علم النفس والاعصاب والاجتماعي والتربية الخاصة. هذا وقد تجمع البيانات عن حالة الفرد من مصادر متعددة لتشمل.

أ. تقارير الأفراد الذاتية.

ب. تقارير اولياء الامور.

جـ تقارير المعلمون.

د- الفحص الطبي.

هـ- السجلات المدرسية التراكمية.

و- الاختبارات النفسية: اختبار الذكاء والقدرات والشخصية.

يُعنى التدخل القائم على اجراءات التحليل النفسي الى درجة ما بالعلاج الطبي، حيث في بعض الحالات يتم اللجوء الى استخدام العقاقير والادوية الطبية في محاولة لازالة الاسباب التي تقف وراء الاضطرابات بدلا من التعامل مع الاعراض المترتبة عليها. وقد ينطوي التدخل النفسي على جملة اهداف داخلية تتعلق بمساعدة الفرد على ادراك ذاته وقبولها ومساعدته على الاستقلالية؛ واهداف سلوكية أخرى تتمثل في مساعدة الفرد على ضبط دوافعه والتعبير عنها بانماط سلوكية اجتماعية اكثر قبولاً؛ واهداف اخرى بيئية مثل تزويده بمصادر انفعالية ضرورية للنمو السليم وتوفير فرص بيئية تعليمية لمساعدته على حل مشكلاته ومساعدته على التفاعل الاجتماعي (Rhodes

& Tracy, 1984). وانطلاقا من ذلك فان التدخل العلاجي القائم على اجراءات التحليل النفسي يهدف الى مساعدة الافراد على التعبير عن نزعاتهم ودوافعهم ومساعدتهم بالتالي على ضبط مثل هذه الدوافع والتعبير عنها بانماط سلوكية اكثر قبولا اجتماعيا على نحو يعيد التوازن بين مكونات الشخصية من جهة وبين الفرد ومجتمعه من جهة أخرى. ولتحقيق هذه الاهداف قد يوظف هذا التدخل عدة اجراءات واستراتيجيات مع الاطفال المضطربين انفعاليا وسلوكياً منها:

1. التخاطب المباشر بين الاخصائي النفسي والطفل المضطرب انفعاليا وسلوكيا وذلك من خلال تشكيل علاقة ودية تمتاز بالامن والطمأنينة والثقة على نحو يشجع الطفل على التعبير عن انفعالاته ودوافعه وخبراته غير السارة.

2. توظيف انماط مختلفة من اجراءات العلاج السيكودرامي:

تعد تكنيكات العلاج السيكودرامي اجراءات فعالة في علاج الاضطرابات الانفعالية والسلوكية لدى الاطفال والراشدين على حد سواء. وتكاد تكون اكثر فعالية في علاج الاضطرابات لدى الاطفال لان مثل هذه التكنيكات تساعد الاطفال في التعبير عن انفعالاتهم ودوافعهم بشكل افضل، وتمكنهم من تطوير اساليب مناسبة لضبط نزعاتهم والتعبير عنها باساليب اكثر ملائمة، ولا سيما ان اساليب التدخل القائم على التخاطب المباشر قد تكون محدودة التأثير في بعض الحالات بسبب خوف الاطفال وعدم قدرتهم على الدخول في علاقات ودية مع الاخصائي، او لعدم نضجهم الكافي وادراكهم لنزعاتهم ودوافعهم (Costin & Draguns, 1989). ويشتمل العلاج السيكودرامي على عدة اجراءات وتكنيكات تتمثل بالاساليب التالية:

1. الفن التعبيري : Expressive Arts

وهي اشكال من الفنون التعبيرية الخلاقة والابداعية، بحيث تتاح الحرية للاطفال في الانشغال فيها. ومثل هذه الفنون تتيح للاطفال التعبير عن انفعالاتهم ومشاعرهم وبالتالي تمكنهم من تطوير انماط سلوكية مقبولة اجتماعياً.

2. الالعاب والدمى: Puppets

تعد الدمى احدى التكنيكات الفعالة في علاج الاضطرابات الانفعالية والسلوكية الشديدة وفي حالات السلوكات الاجتماعية غير المقبولة مثل العزلة والانطوائية، وذلك

95

لان مثل هذه الدمى توفر للاطفال فرصاً للتعبير بشكل حر عن مشاعرهم وانفعالاتهم وتشعرهم بالامن والطمأنينة وتدخل المتعة والسرور الى قلوبهم.

3. اللعب الحر Free Play

ويتمثل في اتاحة الفرصة للطفل المضطرب انفعاليا أو سلوكيا في اختيار نشاطا معينا من اللعب والدخول فيه على نحو فردي او جماعي وتشجيعه على ذلك. فمن خلال اللعب الحر يكشف الطفل عن دوافعه ونزاعاته والتنفيس عنها. وتجدر الاشارة هنا الى ضرورة الانتباه الى انماط اللعب التي يختارها الطفل بحيث لا تكون مؤذية تلحق الأذى به وبالاخرين او بالممتلكات، كما انها يجب أن تكون ذات فعالية تساعد الفرد على ضبط الذات لديه وتقويتها.

4. العلاج بالموسيقى Music

ويتمثل ذلك في تعريض الاطفال المضطربين انفعاليا وسلوكيا الى مقطوعات موسيقية هادئة خلال فترات الراحة أو اثناء انشغالهم في بعض الانشطة. فالموسيقى تعمل على مساعدة الافراد على الاسترخاء ومساعدتهم في التعبير عن نزعاتهم وانفعالاتهم، كما انها وتدخل البهجة والسرور الى قلوبهم وتزيد من مستوى الدافعية والحماس لديهم.

5. لعب الادوار Play Roles

وفي هذا الاجراء يطلب من الاطفال تمثيل بعض الاحداث الواقعية او القيام بتنفيد بعض الادوار. كما يتضمن القيام ببعض الحركات الابداعية مثل الرقص والتصفيق وتقليد بعض الاصوات الطبيعية مثل اصوات الحيوانات او التعبير عن مشاعر الاخرين. يسهم لعب الادوار في مساعدة الافراد على التعبير عن مشاعرهم وخبراتهم مما يشجعهم بالتالي من التخلص من مظاهر الاضطراب الانفعالي او السلوكي الذي يعانون منه.

6. التعبير من خلال الكلمات:Expressing Through Words

يستند هذا الاجراء الى تشجيع الاطفال المضطربين انفعاليا وسلوكيا على التعبير بالكلمات المكتوبة او المنطوقة. فمن خلال الكلمات المكتوبة "Written Words كالاشعار

والقصص والمقالات يعبر الاطفال عن الصراعات والاحباطات والذكريات الاليمة التي يعانون منها، في حين تسهم الكلمات المنطوقة "Spoken Words"سفي توفير فرص الاتصال الاجتماعي مع الاخرين والتعبير عن المشاعر والانفعالات الدفينة. وهذا بالتالي يساعدهم في التخلص من الاضطراب الانفعالي أو السلوكي الذي يعانون منه.

7. الفنون التشكيلية: Foloklore

وتشمل الرسوم والجبس والصلصال والرمل والنحت وغيرها من الفنون الاخرى. وتعرف مثل هذه الفنون باسم الفنون ذات البعدين "Two Dimensional Artsسمثل الرسوم المائية والزيتية، أو ذات الابعاد الثلاثة "Three Dimensional Artsس مثل الجبس والنحت والخشب. ان مثل هذه الفنون تتيح للاطفال المضطربين انفعاليا وسلوكيا فرصاً للتعبير عن ذواتهم ومشكلاتهم ودوافعهم، وتكاد تكون أكثر فعالية اذا تم استخدامها ضمن انشطة جماعية مثل المخيمات وجماعات اللعب المختلفة.

ثالثاً: التدخل البيئي:Ecological Intervention

يفترض المنحى البيئي ان الاضطراب السلوكي او الانفعالي الذي يعاني منه الطفل يعود في اسبابه الى اختلال العلاقة بينه والبيئة المحيطة به (Swanson,1989). فالبيئية التي ينمو فيها الطفل تعد المسؤولة بالدرجة الاولى عن التوافق النفسي والاجتماعي لدى الطفل، بحيث تلعب الخبرات التي يتعرض لها الطفل في الاسرة والمدرسة والمجتمع دوراً بارزاً في ذلك.

فحسب وجهة المنحى البيئي، فان البيئات الفرعية التي ينشأ فيها الفرد هي بمثابة انظمة اجتماعية جزئية صغيرة لا تتجزأ عن النظام الاجتماعي الكلي السائد في المجتمع. وما الاضطراب الا بمثابة اختلال في التوازن بين الفرد والبيئة التي يتفاعل معها بحيث يتفاقم مثل هذه الاضطراب عندما لا يكون تكافؤ بين قدرات الطفل ومطالب البيئة وتوقعاتها.

وانطلاقا من ذلك، فان التدخل البيئي في علاج الاضطرابات الانفعالية والسلوكية يعمد الى تحقيق نوعاً من التوازن بين الفرد والبيئة المحيطة به من خلال التحكم في البيئات الاجتماعية الفرعية التي يتفاعل معها الفرد واعادة تنظيمها على نحو يمكن الفرد من التكيف معها (Paul & Epanchin, 1992) .

ويشتمل المنحى البيئي على عدة اجراءات تتضمن ما يلي:

1. اعادة تنظيم طبيعة العلاقة القائمة بين الطفل والاسرة >الوالدين< من خلال التأثير والتدخل في العلاقات الاسرية وتنظيمها لتبدو أكثر تفاعلية وايجابية مع الانتباه الى تلبية حاجات الطفل مثل الحب والاهتمام والتقدير والرعاية والامن والتعزيز واللجوء الى استخدام اساليب العقاب المناسبة.

2. توفير الخدمات الاجتماعية المناسبة ولا سيما مع الاطفال الجانحين والاسر المفككة من خلال تفعيل وسائل المؤسسات الاجتماعية المتاحة في المجتمع.

3. تنظيم البيئة المدرسية.

كثيرا من الاضطرابات الانفعالية والسلوكية تتفاقم وتزداد حدتها لدى الاطفال بسبب طبيعية البيئة المدرسية والممارسات التربوية السلبية غير المناسبة فيها (& Hallahan Kauffman,1982) . فمن اجل مساعدة الاطفال على التخلص من الاضطرابات الانفعالية والسلوكية يرى المنحنى البيئي ضرورة اعادة تنظيم مكونات النظام المدرسي والتربوي على نحو تصبح فيه أكثر ترابطاً وفعالية، وتوفر للاطفال جواً يسوده الامن والطمأنينة، الامر الذي يسهم بالتالي في تكيفهم مع المحيط المدرسي ويشجعهم على التعلم والاكتساب.

يتطلب اعادة تنظيم البيئة المدرسية النظر الى جميع المكونات النفسية والمادية والتربوية لتشمل:

أ. موجودات المدرسة المادية: وتشمل المقاعد، والكتب، والوسائل والقرطاسيات والادوات المادية الاخرى.

ب. الحيز المكاني: بحيث تكون غرفة الصف مناسبة من حيث مساحتها وتتيح للاطفال حرية الحركة والتنقل واعادة تشكيل وضع المقاعد على نحو يساعد على العمل الفردي والجماعي. ويجب ان تكون مطلية باللون الاخضر وتتوفر فيها الاضاءة والتهوية والتدفئة المناسبة.

حـ تنويع الانشطة الفردية والجماعية واتاحة الفرصة للاطفال في الانشغال في مثل هذه الانشطة مع الابتعاد عن الروتين الممل والمنافسة غير الشريفة.

د- تنظيم الوقت من حيث زمن الحصص والانشطة والاجازات.

هـ تنظيم طبيعة العلاقة بين الاطفال والمدرسين بحيث تقوم على الاحترام والطاعة

والتقبل مع الابتعاد عن اساليب الضبط والتهذيب القاسية والازدراء والتهكم والسخرية.

و. توفير البرامج الخاصة لمساعدة الاطفال على التكيف والتعلم من خلال توفير غرف المصادر المناسبة وتوفير خدمات الدعم التربوي ومشاريع اعادة التعليم ولا سيما للاطفال الذين يعانون من اضطرابات انفعالية وسلوكية شديدة.

ز. التنوع في اساليب التدريس والمتطلبات والوظائف بما يتناسب مع قدرات الاطفال المختلفة، الامر الذي يشجعهم في عمليات التعلم والتعليم ويرفع مستوى الثقة لديهم.

ح. توفير فرص تعليمية وانشطة تتناسب وقدرات وامكانات الاطفال بحيث يستطيعون تحقيق النجاح فيها. ومثل هذا يعزز الثقة بالذات لديهم ويحفزهم على بذل مزيد من الجهد والعمل في سبيل تحقيق المزيد من النجاح.

رابعاً: التدخل البيوفسيولوجي Biophysological Intervention

تعزي النظرية البيوفسيولوجية الاضطرابات الانفعالية والسلوكية الى محددات واستعدادات بيولوجية قد ترتبط بعوامل وراثية جينية أو عصبية أو كيمائية، في الوقت الذي تقلل فيه من شأن العوامل البيئية الخارجية: الاجتماعية والثقافية. فهي ترى ان هناك استعدادات بيولوجية لدى الافراد لتطوير الاضطرابات الانفعالية والسلوكية وليس بالضرورة ان تظهر مثل هذه الاضطرابات لديهم ما لم تتوفر ظروف معينة تعمل على اثارتها (,Haward & Orlansky 1988). واعتماداً على ذلك، فإن التدخل البيوفسيولوجي يسعى الى تحسين صحة الفرد واصلاحها الامر الذي يساعده على السلوك السوي والتكيف والتعلم، على اعتبار ان اعتلال صحة الفرد هي المسؤولة عما يعانيه من اضطرابات سلوكية وانفعالية. ونظراً لوجود صعوبات في كثير من الاحيان في علاج بعض الاصابات العضوية او فشل الادوية والعقاقير الطبيعة في تحقيق الاهداف الصحية، فغالباً ما يعتمد هذا المنحى اجراءات تعويضية أو وقائية في التعامل مع الصعوبات التي تعيق الافراد من السلوك السوي. ويشترك في مثل هذه الاجراءات عدة اطراف تشمل الوالدين والمعلمون والاطباء، وتتمثل هذه الاجراءات بما يلى:

1. تقبل الطفل وعدم اشعاره بانه غير مرغوب فيه بسبب حالته البيوفسيولوجية.

2. توفير الاجراءات الطبية المناسبة للحالة وملاحظة مستوى التحسن في الحالة.

3. توفير بيئة صفية مناسبة من حيث الوسائل والمحتوى والمنهاج بما يتناسب وحالة الاطفال لمساعدتهم على التعلم وتحقيق النجاح.

4. توفير الحب والدعم والرعاية للاطفال من قبل ذويهم والعمل على تدريب الاطفال على بعض الاعمال التي في مقدورهم القيام بها، من اجل تحسين صورة الذات لديهم وزيادة ثقتهم بالنفس وبالاخرين.

5. الاهتمام بنوعية الأغذية المقدمة لهؤلاء الاطفال بحيث تشتمل على نسب متوازنة من الاملاح المعدنية والنشويات والسكريات، مع التقليل ما أمكن من الاغذية التي تشتمل على المواد الحافظة والمشروبات التي تحتوي على الكافين.

6. اللجوء الى استخدام الجلسات الكهربائية كوسيلة لعلاج الاضطرابات الانفعالية والسلوكية وذلك من اجل تنظيم عمل الخلايا العصبية او استخدام بعض العقاقير الطبية مثل كربونات الليثوم من اجل تنظيم نشاط الجهاز العصبي لدى الفرد.

مصطلحات الفصل الرابع

Accumulative Records	سجلات تراكمية
Attractive Conditioning	اشراط الشهية
Aversive Conditioning	الاشراط المنفر
Behavioral Approach	المنهج / المنحى السلوكي
Biophysological Intervertion	العلاج/ التدخل البيوفسيولوجي
Counseling & Guiding Programs	برامج الارشاد والتوجيه
Discriminative Stimuli	المثيرات التمييزية
Ecological Intervention	العلاج / التدخل البيئي
Effective Procedures	الاجراءات الفعالة
Expressive Arts	فنون تعبيرية
Free Play	لعب حر
Long Term Goals	اهداف بعيده المدى
Medical Procedures	اجراءات طبية
Psychodrama Therapy	العلاج السيكودرامي
Psychanalytical Approach	منحى التحليل النفسي
Reports	تقارير
Role Playing	لعب الدور
Short Term Goals	اهداف قصيرة المدى
Self Monitoring	مراقبة الذات
Social Support	الدعم الاجتماعي
Therapy	علاج
Target Behavior	السلوك المستهدف
Time Reaction	زمن الرجع
Training	تدريب

الفصل الخامس

انواع الخدمات المقدمة للاطفال المضطربين انفعاليا وسلوكيا
Kinds of Services For disturbed Childerns

- تمهيد
- الخدمات الاجتماعية
- الايواء والسكن
- الخدمات العائلية
- برامج اعادة التأهيل
- الخدمات التربوية
- برامج الدمج في الصفوف العادية
- الصفوف الخاصة
- المدارس الخاصة
- الخدمات التربوية المساندة
- الخدمات النفسية
- الخدمات الطبية

الفصل الخامس

انواع الخدمات المقدمة للاطفال المضطربين
انفعاليا وسلوكيا

تمهيد:

لقد ازداد الاهتمام حديثاً بظاهرة الاضطراب الانفعالي والسلوكي لدى الاطفال وعلى كافة المستويات التربوية والاجتماعية والطبية على اعتبار ان مثل هذه الاضطرابات تعيق الاداء الوظيفي النفسي لدى الافراد، وتؤثر في مستوى تكيفهم النفسي والاجتماعي، مما ينعكس بالتالي في طبيعة تفاعلاتهم الاجتماعية ومستوى ادائهم الاكاديمي والانتاجي. وانطلاقا من ذلك برزت اتجاهات في السنوات الاخيرة دعت الى دراسة هذه الظاهرة واخذها على محمل الجد واكدت الحاجة الماسة الى الاهتمام بنوعية البرامج الخدماتية التي يفترض تقديمها للاطفال المضطربين انفعالياً وسلوكياً (Shea,1976). وهكذا فقد تنوعت البرامج الخدماتية لتشمل المجالات النفسية والتربوية والاجتماعية والطبية. وفيما يلي عرض لانواع هذه الخدمات:

اولا: الخدمات الاجتماعية ocial ServiccsS

لما كان الاطفال يشكلون شريحة كبيرة من اي مجتمع، ونظراً لان مثل هؤلاء الاطفال سوف يحتلون مستقبلاً مواقع هامة في المجتمع، جاءت الدعوة الى ضرورة الاهتمام بالاطفال المضطربين انفعالياً وسلوكياً في محاولة للتخفيف من اثار الاضطرابات التي يعانون منها ومساعدتهم بالتالي على النمو والتكيف والتعلم السليم. وتتباين نوعية

105

الخدمات الاجتماعية المقدمة لشريحة الاطفال المضطربين لتشمل عدة مجالات مثل السكن والعائلة

والتأهيل المهني والخدمات الاجتماعية الاخرى. وفيما يلي عرض لبعض انواع الخدمات الاجتماعية:

أ. الايواء والسكن:Housing

توفر المجتمعات الحديثة مراكز للخدمات الاجتماعية تتمثل في المصحات العقلية العامة والخاصة

والمراكز النفسية متعددة الاغراض. وفي هذه المراكز يتم توفير العديد من الخدمات العلاجية للاطفال في

بيئة صحية مناسبة، حيث يتم توفير خدمات النوم والطعام والخدمات الرياضية والترفيهية، بالاضافة الى

خدمات العلاج الفردي والجماعي. وتوفر مثل هذه المراكز بيئة تربوية صالحة لمساعدة الاطفال على

التعلم والتعليم ، وتشمل هيئة التدريس عدداً من المختصين النفسيين والعاملين في حقل التنمية

الاجتماعية والتربية الخاصة والاخصائين اللغويين والمشرفين. وقد يستمر تواجد الاطفال في مثل هذه

المراكز لفترات زمنية متباينة حسب الحالات التي يعانون منها، ومثل هذه الفترات ربما تتراوح بين عدة

اسابيع أو اشهر أو سنوات. وفي حال تحسن حالة الطفل يتم تحويله الى مراكز الحياة المجتمعية العامة

لاستكمال حلقة اعداده للقيام بدورة في المجتمع.

ب. الخدمات العائلية Family Services

تعنى المراكز الاجتماعية ذات العلاقة بتقديم برامج توعية وارشاد للعائلات التي يتواجد فيها افراداً

يعانون من الاضطرابات الانفعالية والسلوكية. وتتباين نوعية الخدمات الاجتماعية المقدمة للعائلات

لتتناول الجوانب التنظيمية للعلاقات الاسرية بين الوالدين من جهة وبين الوالدين والابناء من جهة

أخرى، وتقدم النصائح والارشادات في مجال تربية الاطفال والتعامل معهم بالاضافة الى المساهمة في حل

الخلافات والصراعات القائمة بالاسرة وتقديم بعض انواع الدعم المادي والمعونات للاسر الفقيرة.

جـ- برامج اعادة التأهيل: Rehebiltation Programs

تقوم فكرة هذه البرامج على اعادة تأهيل الاطفال المضطربين انفعاليا وسلوكياً وتقديم الدعم لهم من

خلال ادماجهم في مراكز تأهيل خاصة يمضون فيها فترة زمنية قد تتراوح بين شهرين وسنتين. وتدار هذه

البرامج من قبل معلمين مؤهلين لهذا الغرض

انواع الخدمات المقدمة للاطفال المضطربين انفعاليا وسلوكيا

واخصائين في مجال الصحة النفسية، بحيث يتم تقديم الدعم لكل من الطفل والعائلة والمجتمع وذلك من اجل تحقيق الاهداف التالية:

1. دمج الطفل في مجتمعه بعد ان كان مرفوضاً من قبل الاسرة والمدرسة والمجتمع بسبب ما يعاني منه من اضطرابات انفعالية وسلوكية. ويتحقق مثل هذا الهدف من خلال تخليصه من مظاهر الاضطرابات التي يعاني منها.

2. تنمية الشعور بالانتماء لدى الطفل نحو المجتمع الذي يعيش فيه.

3. تعزيز ثقة الطفل بالاسرة والمدرسة والمجتمع من خلال تلبية مطالبه وحاجاته واشباع دوافعه.

4. مساعدة الطفل على النمو السليم والمتكامل في كافة المظاهر الحركية والاجتماعية واللغوية والاخلاقية والعقلية والانفعالية، مع العمل على تنمية قدراته على التفكير وحل المشكلات.

5. توفير المصادر والوسائل متعددة الاغراض لمساعدة الطفل على التعلم والاكتساب واشباع حاجاته المختلفة.

6 تدريب اولياء الامور والمعلمين على كيفية تحديد مشكلات الطفل واساليب التعامل معها واجراءات علاجها وتعديلها.

7. تدريب الاطفال وتزويدهم بالمهارات اللازمة حول كيفية صياغة اهداف تتناسب مع قدراتهم وميولهم وحاجاتهم وكيفية تحقيقها.

Educational Servicesثانيا: الخدمات التربوية:

تعد الخدمات التربوية من أكثر الخدمات أهمية في حياة الاطفال العاديين عموماً والمضطربين على وجه الخصوص وذلك لان الاطفال يمضون فترة طويلة في المدرسة، بحيث فيها تتبلور انماط شخصيتهم، وفيها يتم اكتسابهم للمعارف والخبرات وتتوفر فيها فرص التفاعل الاجتماعي وفرص التهذيب والضبط وتنمية المهارات والاتجاهات (Kneedler etal.,1984). ومن الخدمات التربوية التي تقدم لشريحة الاطفال المضطربين انفعالياً وسلوكياً البرامج التالية:

1Inclusion Programs. برامج الدمج في الصفوف العادية:

ظهرت في العقود الاخيرة من القرن الماضي اتجاهات تنادي بضرورة عدم عزل

الافراد ذوي الاحتياجات الخاصة بما فيهم أولئك الذين يعانون من صعوبات تعلم أو اضطرابات انفعالية وسلوكية عن اقرانهم العاديين في الصفوف المدرسية وذلك من اجل ضمان ان ينشأ مثل هؤلاء الاطفال في بيئة تربوية طبيعية، يتفاعلون فيها مع اقرانهم العاديين وتتوفر لهم نفس الامكانات المتاحة. وتكمن الفلسفة من وراء فكرة الدمج في تعزيز مفهوم الذات لدى الافراد المضطربين انفعاليا وسلوكياً ومساعدتهم على النمو الاجتماعي وذلك لان عملية الدمج توفر الشعور بالامن لمثل هؤلاء الاطفال وتشعرهم بانهم اطفال عاديين كغيرهم من الاطفال الاخرين. هذا ويعد دنز ولاندمارك (Dunnص Landmark, 1968) من أولئك العلماء الذين دعوا الى فكرة الدمج في نهاية الستينات من القرن الماضي. وتأكيداً لذلك فقد نصت بعض القوانين التي تدعو الى ذلك وتنص على ضرورة توفير بيئة اقل تقييداً لهؤلاء الاطفال. وتحقيقاً لذلك فان مثل هذه البرامج تقتضي تدريب المعلمين على كيفية دمج الاطفال المضطربين انفعاليا وسلوكياً مع الاطفال العاديين وتوفير اربعة انواع من الخدمات تتمثل فيما يلي:

أ. الخدمات الوقائية: Preventive Services

وهذا يستدعى من المعلم تأمين بيئة تربوية صحية تمتاز بالامن والحرية والمنافسة المسؤولة وذلك من اجل تبديد مشاعر الخوف والقلق والعدوان لدى الاطفال. فالبيئة الصحية المناسبة توفر جواً من الراحة والاستقرار لدى الاطفال مما ينعكس بالتالي ايجابياً على مستوى ادائهم وتعلمهم واستجاباتهم للمواقف المختلفة.

ب. برامج الاحالة Transitional Programs:

عندما يكتشف المعلم بعض حالات الاضطرابات الانفعالية والسلوكية التي يصعب عليه التعامل معها، يفترض به تحويل مثل هذه الحالات الى برامج التدخل المناسبة من أجل اتخاذ الاجراءات العلاجية المناسبة لمثل هذه الحالات. وهذا بالطبع يعني توفر مهارات وخبرات عملية في القياس والتشخيص لدى المعلم بحيث تمكنه من التعرف على دوافع وانفعالات الاطفال ومشكلاتهم السلوكية.

جـ. الخطط التربوية الفردية Individualized Eduational Plans:

قد يضطر المعلم الى التعامل مع حالات متباينة الشدة ومختلفة من الاضطرابات الانفعالية والسلوكية، وهذا يعني بالطبع عدم جدوى طريقة علاجية تربوية محددة لمثل

هذه الحالات، مما يتطلب من المعلم ان يضع خطط علاجية فردية خاصة بكل حالة من هذه الحالات. وهنا ينبغي توفر مهارات وقدرات لدى المعلم على اتخاذ القرارات المناسبة فيما يتعلق باعداد البيئة المناسبة للتعلم والتفاعل وتحديد الاهداف الملائمة واجراءات البرنامج العلاجي المناسب لكل حالة من الحالات التي يتعامل معها.

Integrative Servicesد. التكامل في تقديم الخدمات:

لضمان تحقيق الاهداف المرجوه ومساعدة الاطفال على التكيف السليم وتطوير قدراتهم على التعلم والاكتساب، يتطلب الامر عدم تفرد المعلم في وضع الخطط التربوية المناسبة، اذ ينبغي عليه اشراك مجموعة من المختصين في وضع مثل هذه الخطط تشمل المعلمون والاهل والاخصائين النفسيين، مما يجعل من الخطط أكثر واقعية وملائمة للحالة، ويسهل بالتالي من اجراءات تنفيذها على نحو فعّال.

2Private Classes. الصفوف الخاصة

هناك من يعارض فكرة الدمج لاعتبارات تتمثل في عدم قبول الاطفال المضطربين من قبل آقرانهم العاديين او لعدم قدرة بعض المعلمين ورغبتهم في تعديل المحتوى والمنهاج والطرائق لتناسب هؤلاء الاطفال، لذا برزت اصوات تنادي بضرورة تطوير صفوف او غرف مصادر خاصة للتعامل مع الاطفال المضطربين انفعالياً وسلوكياً. (Clasrizio & Mecoy, 1993). يمتاز صف التربية الخاصة في كونه يمثل بيئة تعليمية خاصة يستخدم المعلم فيه اساليب وطرائق تدريس تتلائم وخصائص الاطفال المضطربين، ويساعد مثل هذا الصف في عزل المضطربين لبعض الوقت وعلى نحو جزئي عن اقرانهم العاديين، مما يوفر لهم جواً من الامن والشعور بالراحة النفسية. كما يساعد صف التربية الخاصة المعلم في تهيئة بيئة تعليمية مناسبة وتتوفر فيها خدمات علاجية وانشطة تتناسب وحاجات مختلف الاطفال المضطربين (Paul & Epanchin, 1992.)

يشتمل صف التربية الخاصة النموذجي على عدد من الاطفال المضطربين يتراوح بين(10-6) طلاب، ومثل هذا العددالقليل يعطى المعلم الوقت الكافي للتعامل مع الحالات المختلفة وتخصيص وقت ملائم لكل حالة. بالاضافة الى انه يتيح للمعلم تقديم خدمات متكاملة وشاملة واختيار برامج علاجية مناسبة وتنفيذها بشكل فاعل. وهذا يعني بالطبع اتاحة المجال للمعلم نحو تفريد التعليم وتوفير وقت اطول للتدخل يناسب لمستوى

النمو لدى هؤلاء الاطفال المضطربين، مما يسهم بالتالي في توفير الفرص المناسبة لنموهم السوي ومساعدتهم على التكيف والتعلم.

وبالرغم من الصعوبات التي يواجهها المعلم في البداية في الصفوف الخاصة، لكن البرامج المتاحة فيها توفر مجالاً من المرونة للمعلم بحيث تصبح اكثر فعالية مع تقدم تطبيقها، الامر الذي يحدث تغييراً ملموساً في سلوك الاطفال يترتب عليه زيادة كفاءتهم على ضبط الذات ومساعدتهم في تحقيق الاهداف النهائية للبرنامج.

3Private Schools. المدارس الخاصة

هناك فريق من اخصائي التربية الخاصة يدعو الى وضع الاطفال المضطربين انفعالياً وسلوكياً في مدارس خاصة بحجة ان مثل هذه المدارس توفر خدمات وتسهيلات تعليمية وعلاجية لهؤلاء الاطفال لا توجد مثلها في المدارس العامة. ومن هذه الخدمات ما يلي:

أ. توفر الكوادر الخبيرة والمدربه في مجال رعاية وتدريب الاطفال المضطربين انفعالياً وسلوكياً.

ب. الاستمرارية والمتابعة في تقديم الخدمات، بحيث تمتاز مثل هذه الخدمات بالتخصصية والشمولية.

حـ. توفر الوسائل والادوات والمناهج ومصادر التعلم المناسبة للمضطربين انفعالياً وسلوكياً.

د- توفر البيئة المناسبة، حيث تصمم المدارس على نحو يتناسب وخصائص الاطفال المضطربين وتساهم غرف خاصة مثل غرف العزل في ملاحظتهم وعزلهم وضبط سلوكاتهم. ففي مثل هذه المدارس يتوفر وغرف الارشاد وغرف الملاحظة، ومثل هذه التسهيلات قد لا تتواجد في المدارس العامة.

هـ. توفر فريق من الاخصائين في المجالات التربوية والاجتماعية والنفسية والطبية القادرين على فهم حاجات الاطفال المضطربين انفعالياً وسلوكياً، ولديهم القدرة على توفير الخدمات المساندة لمثل هؤلاء الاطفال.

و. توفرالمعلمون المؤهلين والاكثر تفهما لمشكلات وحاجات الاطفال المختلفة والمدربين على مساعدة هؤلاء الاطفال في التخلص من المشكلات التي يعانون منها.

انواع الخدمات المقدمة للاطفال المضطربين انفعاليا وسلوكيا

تتباين المدارس الخاصة فمنها ما تقدم خدمات نهارية، حيث يمضي فيها الاطفال اوقات محددة اثناء النهار ثم يعودون الى بيوتهم، وهناك المدارس الداخلية التي توفر خدمات السكن والاقامة للاطفال المضطربين. وسواءاً كانت داخلية او نهارية فان الخدمات التي تقدمها واحدة، بحيث تتظافر جهود فريق العاملين والمختصين في وضع خطط علاجية شاملة لكل حالة ويتواصل هذا الفريق مع اسر الاطفال من اجل التنسيق والتعاون في تنفيذ الخطة العلاجية المقترحة.

4Supported Educational Services. الخدمات التربوية المساندة:

وتتمثل في توفير خدمات داعمة للاطفال المضطربين في الصفوف العادية وذلك من خلال التعاون بين التربويين واخصائي التربية الخاصة. وتهدف مثل هذه الخدمات الى مساعدة المعلمين على التعامل مع الاضطرابات الانفعالية والسلوكية المختلفة بكفاءة وفعالية. وتشتمل الخدمات المساندة او الداعمة على ما يلي:

أ. خدمات التشخيص: يسهم اخصائي التربية الخاصة في تزويد المعلمين بالمهارات اللازمة للحصول على البيانات والمعلومات التي تمكنهم من تشخيص حالات الاضطراب والتعرف عليها. كما ويسهم في تدريب المعلمين على توظيف ادوات القياس المناسبة وكيفية ادارتها وتفسير نتائجها مما يتيح بالتالي للمعلم من وضع البرامج العلاجية التربوية المناسبة.

ب. خدمات الاستشارة: ان التعاون الوثيق بين اخصائي التربية الخاصة والمعلم، يوفر للمعلم فرص التواصل والاستشارة بحيث يستفيد من خبرات اخصائي التربية الخاصة في مجال كيفية التعامل مع المشكلات السلوكية التي يظهرها الاطفال المضطربين انفعاليا وسلوكيا. وهذا من شأنه ان يزيد من كفاءة المعلمين ويحسن من مستوى مهاراتهم وادائهم في التعامل مع المشكلات السلوكية لدى هؤلاء الاطفال، وكذلك في التعامل مع المشكلات والصعوبات التي تواجههم اثناء القيام بواجباتهم.

جـ. الخدمات الوسيطية: يشكل اخصائي التربية الخاصة حلقة الوصل بين المدرسة والمجتمع المحلي، فمن خلاله يتم التنسيق بين جهود المدرسة والخدمات التي يقدمها المجتمع بما يعود بالنفع على الاطفال المضطربين انفعالياً وسلوكيا وعلى كفاءة المعلمون في اداء مهماتهم.

د. تنويع طرق التدخل: يكفل التعاون بين المعلمون واخصائي التربية الخاصة في تنويع الخطط العلاجية وتعددها، وهذا مما يعطي الجهود التربوية المبذولة نوعاً من المرونة ، الامر الذي ينعكس ايجابا في علاج الاضطرابات الانفعالية أو السلوكية التي يعاني منها الاطفال.

Psychological Servicesثالثاً: الخدمات النفسية

تتمثل الخدمات النفسية في تقديم العلاج النفسي المناسب للاطفال المضطربين انفعاليا وسلوكيا من خلال الاتصال المباشر بين الطبيب المعالج والطفل. ويهدف العلاج النفسي الى ازالة الصراعات والتوترات الداخلية التي يعاني منها الطفل من اجل مساعدته من التكيف والسلوك السوي. هذا وتتباين مدة الاتصال بين المعالج والفرد تبعاً لعمر الفرد، حيث ان الاطفال الاقل عمراً في الغالب هم اقل ميلا للاستمرار في التواصل مع المعالج مقارنة بالاطفال الاكبر عمراً.

ولتفعيل دور العلاج النفسي، لا يقتصر دوره على توظيف وسيلة الاتصال اللفظي مع الاطفال فحسب، لا بل يوظف وسائل علاجية اخرى مثل اللعب الحر، واللعب الخلاّق والسايكودراما والموسيقى والكتابة الابداعية وغيرها من الوسائل الاخرى (Paul & Epanchin, 1992).

وفي بعض الحالات يضطر المعالج النفسي الى توفير الخدمات العلاجية النفسية لاطراف اخرى ذات علاقة بالطفل عندما يكتشف ان مثل هذه الاطراف لها علاقة بحالة الاضطراب الذي يعاني منها الطفل.

وتشمل هذه الاطراف الوالدين والعائلة، بحيث يعمل المعالج النفسي على توفير برامج علاجية فردية أو جماعية يهدف من خلالها مساعدة الوالدين على تجاوز مشكلاتهما وتمكين العائلة من تنظيم طبيعة العلاقات القائمة بين افراداها .

Medical Scrvicesرابعاً: الخدمات الطبية

تتباين طبيعة الخدمات الطبية المقدمة للافراد من حيث نوعيتها وتوقيتها واهدافها،

فمنها ما هو وقائي والبعض الاخر منها علاجي. هذا ويمكن ابراز انواع الخدمات الطبيعية بما يلي:

أ. الخدمات الوقائية وتتمثل في العناية بالام الحامل واجراء الفحوص الدورية المناسبة لها وتقديم الارشادات والنصائح الطبية المناسبة والعلاجات الطبية اذا اقتضى الامر ذلك.

ب. توفير الخدمات الطبية اثناء الولادة وبعدها لكل من الام والطفل والعمل على حدوث ولادة طبيعية دون حدوث مضاعفات تلحق الاذى والضرر بالام والطفل.

جـ اجراء الفحوص الطبية المناسبة للطفل بعد الولادة الجسمية والعقلية وفحص الحواس المختلفة لديه.

د. توفير الادوية والعلاجات الطبية المناسبة اذا اقتضى الامر لعلاج بعض انواع الاضطرابات الانفعالية والسلوكية ولا سيما عندما تفشل الخدمات الاخرى في تحقيق الاغراض والاهداف المرجوه.

مصطلحات الفصل الخامس

Academic Level	المستوى الاكاديمي
Affliation	انتماء
Anticiptation	تخمين/ توقع
Attitudes	اتجاهات
Consultation	استشارة
Creative Activites	انشطة ابتكارية
Creative Thinking	تفكير ابتكاري / ابداعي
Despline	تهذيب
Ethical Considerations	اعتبارات اخلاقية
Facilities	تسهيلات
Functional Level	المستوى الوظيفي
Individual Plans	خطط فردية
Inclusion	دمج
Individualized Learning	تعليم فردي/ تفريد التعليم
Improvement	تحسين
Internal Stress	توتر داخلي
Learning Resources	مصادر التعلم
Motive Satisfaction	اشباع الدافع
Qualifications	مؤهلات
Private Classes	فصول/ صفوف خاصة
Private Shools	مدارس خاصة
Planned Programs	برامج مخطط لها
Purposful Activities	انشطة هادفة
Social Services	خدمات اجتماعية
Social Isolation	عزلة اجتماعية
Supported Services	خدمات مساندة
Typical Classes	صفوف نموذجية
Vocational Rehebiltation	تأهيل مهني

الفصل السادس

اشكال الاضطرابات الانفعالية

والسلوكية لدى الأطفال

Forms of Emotional and Behavioral Disorders

- اضطراب التوحد
- اضطرابات النطق والكلام
- اسباب اضطرابات النطق والكلام

اشكال الاضطرابات الانفعالية والسلوكية لدى الأطفال

الفصل السادس

اشكال الاضطرابات الانفعالية والسلوكية

لدى الأطفال

تمهيد:

تعد مرحلة الطفولة مسرحاً، لظهور المشكلات والصعوبات التي تتباين في اشكالها واعراضها ومستوى شدتها واستمراريتها واثارها في الشخصية، حيث يعاني الأطفال في المراحل العمرية المبكرة والمتوسطة من العديد من المشكلات النمائية التي تعيق من تحقيق مستوى النمو السليم لديهم أو عمليات التعلم والأداء، وتتنوع مثل هذه المشكلات لتشمل عدداً من الاضطرابات تتمثل بما يلي:

1. اضطرابات الحركة الزائدة وتشتت الانتباه

(Attention Deficit Hyperactivity Disorder (ADHD

تعد اضطرابات النشاط الزائد وتشتت الانتباه من أكثر الاضطرابات شيوعاً لدى الأطفال في المراحل العمرية المبكرة والمتوسطة، وهي تتواجد في جميع المجتمعات تقريباً رغم اختلاف الثقافات والعادات فيها. وبالرغم من أن هذه الاضطراب لا يعد من صعوبات التعلم إلا أنه يشكل بحد ذاته مشكلة سلوكية نمائية تنعكس اثارها سلباً في عمليات الإدراك والتعلم (National Institute of Mental Health, 2005)، نظراً لعدم قدرة الطفل على التركيز وانتقاله غير الهادف من نشاط إلى نشاط آخر دون الاستغراق في الأنشطة أو إكمال أي منها.

ويعرف هذا الاضطراب(ADHD) على أنه نشاط جسمي وحركي حاد ومستمر تصحبه عدم القدرة على التركيز والانتباه على نحو يجعل الطفل عاجزاً عن السيطرة على سلوكاته وإنجاز المهمات. يظهر هذا الاضطراب لدى الأطفال في الفترة العمرية ما بين (4-5) سنة تقريباً وتتراوح نسبة انتشاره ما بين 3-5% وهو أكثر شيوعاً لدى الذكور مقارنة بالأناث (شيفر وملمان، 1999).

فالنشاط الزائد وتشتت الانتباه هو الزيادة في الحركة عن الحد الطبيعي المقبول وبشكل مستمر، وفي الغالب لا تتناسب كمية وأنماط الحركة مع العمر الزمني للطفل، وتسبب في مشكلات للطفل والمحيطين به. فعلى الصعيد المدرسي، مثلاً، نجد أن الطفل الذي يعاني من هذا الاضطراب يمتاز بعدم الانضباطية والاندفاعية وكثرة التنقل والتجوال في غرفة الصف من غير استئذان، ويقوم في إلقاء الأشياء على الأرض ويعبث بممتلكات الآخرين، ويعمد إلى إزعاجهم لفظياً وحركياً، كما أنه لا ينتبه إلى التعليمات ولا يركز انتباهه في المهمات التعليمية أو الأنشطة التي يفترض منه القيام بها، وهذا بالطبع يؤثر في مستوى أداءه الأكاديمي وفي طبيعة علاقاته مع الأقران والمعلمون (يحيى، 2003).

مظاهر الحركة الزائدة وتشتت الانتباه

من الطبيعي أن الأطفال يمتازون عموماً بكثرة الحركة والتقلب في المزاج وتشتت الانتباه، ومثل هذه الأعراض تظهر لديهم في بعض الظروف ولا تظهر في ظروف أخرى وتزول تدريجياً مع تقدمهم بالعمر. ولكن ما يميز الأطفال الذين يعانون من اضطراب تشتت الانتباه والحركة الزائدة أن مثل هذه الأعراض تلازمهم معظم الوقت وباستمرار، وفي الغالب تكون فوق الحد الطبيعي المقبول وبشكل ملفت للنظر. وبالطبع ليس من السهل الحكم على الأطفال في المراحل العمرية المبكرة على أنهم يعانون من هذا الاضطراب بمجرد أنهم يظهرون بعض الأنشطة الحركية وعدم التركيز في الانتباه، حيث عملية تشخيص مثل هذا الاضطراب تتطلب الحيطة والحذر واللجوء إلى إجراءات خاصة. عموماً تظهر المظاهر المميزة لاضطراب الحركة الزائدة وتشتت الانتباه قبل سن السابعة وتدوم لمدة ستة أشهر على الأقل بحيث تشكل مثل هذه المظاهر عوامل إعاقة على المستويين الأكاديمي والاجتماعي (National Institute of Mental Health, 2005).

وحتى يصنف الطفل على أنه يعاني من هذا الاضطراب، يجب أن تظهر لديه على الأقل خمسة من المظاهر التالية وتدوم لديه مدة ستة أشهر أو أكثر، وهذه المظاهر هي:

أ. عدم التركيز والانتباه Inattention

ويتجلى ذلك في عدد من المظاهر التالية:

1. صعوبة التركيز في المهمات والعجز عن إكمالها، حيث لا يستطيع التركيز في مهمة لأكثر من بضع دقائق.

2. الانتقال من مهمة إلى أخرى والفشل في إنجاز أية مهمة يقوم بها.

3. كثرة النسيان ولا سيما للتعليمات والأوامر التي تطلب منه.

4. سهولة شد انتباهه بمثيرات أخرى غير تلك المتضمنة بالمهمة التي هو في صدد الانتباه إليها.

5. صعوبة في الانتباه إلى التفاصيل الدقيقة.

6. اللامبالاة وكثرة الوقوع في الأخطاء.

7. كثيراً ما يفقد الأشياء مثل الألعاب والأقلام والكتب واللوازم الخاصة به.

ب. الاندفاعية Impulsivity

وتتمثل هذه السمة في عدد من المظاهر هي:

1. تقلب المزاج وبشكل متكرر.

2. سرعة الاستثارة والانفعال ولأتفه الأسباب.

3. يتكلم في أوقات غير ملائمة ويجيب عن الأسئلة بسرعة وبدون تفكير.

4. التهور وعدم التنظيم.

5. التورط في أعمال خطرة دون الأخذ بالاعتبار للنتائج المترتبة عليها.

6. يقاطع كلام الآخرين ولا يتوقف عن الكلام.

7. الاتسام بالفوضى وعدم النظام، وصعوبة الانتظار في الدور .

8. العصيان وعدم الامتثال للأوامر والتعليمات.

ج. كثرة الحركة Over- activity

وتأخذ هذه السمة عدة مظاهر تتمثل بالآتي:

119

1. عدم الجلوس بهدوء والاستمرار في الحركة والتنقل
2. الحركة المستمرة وتحريك الأشياء من أماكنها.
3. العبث بالأشياء والميل إلى التخريب.
4. اللعب بطريقة عنيفة قد تلحق الأذى بالآخرين.
5. ممارسة حركات عصبية في اليدين والرجلين والرأس.
6. كثرة التململ والضحك بطريقة غير ملائمة مع إصدار أصوات غير مألوفة.

د. مظاهر أخرى.

بالإضافة إلى المظاهر السابقة يظهر الأطفال الذين يعانون من هذا الاضطراب المظاهر التالية:

أ. عدم الاستئذان مثل الخروج من المقعد أو أخذ أشياء الآخرين دون طلب الإذن منهم.

ب. العدوان وإزعاج الآخرين بشكل متكرر.

ج. إساءة التصرف مع الآخرين وعدم الإكتراث لمشاعرهم

د. عدم القدرة على الاحتفاظ بالعلاقات مع الآخرين

هـ التأخر اللغوي

و. كثرة الإحباط والقلق والعصبية المفرطة.

ز. الفشل والاحباط المتكرر.

ح. التأخر الدراسي والاكاديمي.

أسباب النشاط الزائد وتشتت الانتباه:

يتجه الاعتقاد السائد إلى عزو النشاط الزائد وتشتت الانتباه إلى تفاعل جملة من العوامل، حيث من الصعب القول بأن هناك سبب أو عامل محدد يقف وراء هذا الاضطراب، ومن هذه العوامل ما يلي:

أولاً: العوامل البيئية Environmental Agents

أظهرت نتائج الدراسات أن هناك ارتباطاً وثيقاً بين تدخين الأم الحامل وادمانها على

الكحول وتعرض أبنائها إلى الاصابة بهذا الاضطراب، بالإضافة إلى ذلك وجد أن التسمم بمركب الرصاص والمواد السامة والتعرض إلى الاصابات في منطقة الرأس من الأسباب المحتملة للنشاط الزائد وتشتت الاضطراب(NIMH,2005) .

ثانياً: العوامل التكوينية والوراثية Gentices Factors

بالرغم أن الأدلة العلمية غير قاطعة حول أثر العوامل الوراثية في تطور هذا الاضطراب، إلا أن هناك بعض نتائج الدراسات تشير إلى وجود أثر للعوامل الجينية التكوينية في ذلك (شيفر وملمان، 1999).

ففي هذا الصدد، أظهرت نتائج دراسة جيودمان وستيفنسون (1989) الأثر الواضح للعوامل الجينية الوراثية في هذه الظاهرة، حيث تبين أن التوائم المتماثلة كانت أكثر تعرضاً للإصابة بهذا الاضطراب من التوأم غير المتماثلة. كما اظهرت نتائج دراسات أخرى احتمالية إصابة الأطفال بهذا الاضطراب بشكل أكبر إذا كان أحد والديهم مصاباً بهذا الاضطراب، وهو أكثر انتشاراً لدى الأقارب الذي يسود لديهم هذا الاضطراب. وبالرغم من هذه النتائج إلا أنه لغاية الآن لم يتم تحديد العوامل الجينية وآليات عملها على نحو دقيق وتام (NIMH,2005).

ثالثاً: العوامل العضوية Organic Factors

هناك عدداً من الأسباب العضوية المحتملة التي قد تقف وراء حدوث مثل هذا الاضطراب، ومن هذه الأسباب الإصابات البسيطة التي تلحق بالدماغ أو التشوهات الخلقية أثناء الولادة والرضوض والإصابات التي يتعرض لها الجنين. لقد أظهرت نتائج الدراسات أن نسبة قليلة من الأطفال الذين يعانون من اضطراب النشاط الزائد وتشتت الانتباه يعانون من تلف بسيط أو إصابة في القشرة الدماغية. ومن الأسباب العضوية الأخرى الأورام ونقص الأكسجين الواصل للخلايا الدماغية والتعرض للأشعة واضطراب المواد الكيميائية التي تحمل الرسائل إلى الدماغ (يحي، 2003؛ شيفر وملمان، 1999)، هذا بالاضافة الى الخلل في بعض الحواس او وظائفها.

رابعاً: العادات الغذائية Food Additive & Suger

تظهر نتائج بعض الدراسات أن تناول أنواعاً محددة من الأغذية مثل تلك التي

121

تحتوي على السكريات والمواد الحافظة والنكهات الصناعية وحامض السالسيك تسهم إلى درجة كبيرة في حدوث مثل هذا الاضطراب لدى الأطفال ولا سيما إذا كان هناك إفراطا مستمراً في تناولها (NIMH, 2005).

خامساً: العوامل النفسية Psychological Factors

تلعب العوامل النفسية دوراً بارزاً في حدوث مثل هذا الاضطراب وتطوره لدى الأطفال. فالعلاقات الأسرية وأساليب الرعاية والتعامل داخل الأسرة وطريقة استجابات الراشدين للأطفال قد تشجع أو تمنع حدوث مثل هذا الاضطراب لدى الأطفال. فوجود الخلافات والتوتر داخل الأسرة واضطراب العلاقات ووسائل الرعاية يؤثر في مزاج الطفل ويزيد من درجة الحساسية والتهيج لديه، كما أن التعزيز والتشجيع للطفل على بعض الأنماط السلوكية تشجع الطفل على ممارستها والإفراط فيها. هذا وتلعب النمذجة دوراً في تطور مثل هذا الاضطراب، حيث يلاحظ الطفل الأنماط السلوكية السائدة في أسرته والمدرسة ويسعى إلى التنمذج مع مثل هذه السلوكات ولا سيما عندما يرى أن مثل هذه السلوكات ذات قيمة تعزيزية بالنسبة له.

ومن العوامل النفسية الأخرى التي تسهم في مثل هذه الاضطرابات حالات القلق والاكتئاب والإحباط التي يعاني منها الطفل.

طرق الوقاية والعلاج

ما لا شك فيه أن اضطراب النشاط الزائد وتشتت الانتباه يعد من الاضطرابات المزعجة ليس للطفل فحسب لا بل وللمحيطين به من أفراد الأسرة والأقران والمعلمون، ويمتد تأثيره في مجال التحصيل الأكاديمي وفي أنماط السلوك التكيفي. وللتقليل من آثار هذا الاضطراب يمكن اللجوء إلى مجموعة إجراءات وقائية وعلاجية منها:

أولاً: الإجراءات الوقائية

هناك حكمة شائعة تقول "أن الوقاية خير علاج". فللحد من ظهور هذا الاضطراب لدى الأطفال، هناك إجراءات وقائية يمكن اللجوء إليها وتتمثل في (شيفر وملمان، 1999):

1. توفير البيئة الصحية السليمة للأم الحامل مثل الظروف النفسية والاجتماعية

والغذاء المناسب بالإضافة إلى النصائح والإرشادات أثناء فترة الحمل. وتجنب تناول الأغذية غير المناسبة وتعاطي المخدرات والكحول والمهدئات والتدخين من قبل الأم الحامل حيث يسهم ذلك في الحد من ظهور مثل هذا الاضطراب لدى الأبناء.

2. العمل ما أمكن أن تكون الولادة طبيعية وتوفير عوامل السلامة العامة أثناء الولادة.

3. تجنب إثارة الطفل ومضايقته حتى لا تتطور لديه مشاعر التوتر والعصبية والقلق.

4. تقبل الطفل والتكيف مع مزاجه المتقلب وعدم الأفراط في توجيه اللوم والنقد لسلوكاته لمنع تطور أو تفاقم هذه الظاهرة لديه كرد فعل معاكس.

5. توفير فرص التعلم المناسب للطفل والتغذية الملائمة.

6. تجنب حرمان الطفل من ممارسة اللعب واختيار الألعاب المفضلة لديه.

7. تعليم الأطفال أنماطاً سلوكية هادفة وتعزيزهم على أدائهم الناجح.

8. تعريض الطفل إلى نماذج إيجابية، بحيث يجب أن يتصرف الآباء بطريقة مقبولة ويمارسون عادات سلوكية سليمة أمام أبنائهم.

9. اللجوء إلى الإرشادات والنصائح اللغوية في توجيه الأطفال في بيئة آمنة يتوفر فيها عوامل الحب والتقبل بعيداً عن النقد والتجريح.

10. تنظيم البيئة وضبط المشتتات التي قد تعمل على جذب انتباه الأطفال مثل تغطية الأرض بالسجاد وإغلاق الخزائن ووضع الستائر على النوافذ والتقليل ما أمكن من المنبهات الصوتية والبصرية.

11. عدم تعزيز الطفل وتشجيعه على الانماط السلوكية غير المرغوبة والعمل على تجاهلها وعدم الاهتمام بها.

ثانياً: الإجراءات العلاجية Medical Procedures

نظراً لما يترتب على اضطراب النشاط الزائد وتشتت الانتباه من صعوبات تعيق عمليات التفاعل الاجتماعي والتعلم يقتضي الأمر التدخل العلاجي المباشر والسريع من قبل أولياء الأمور والمعلمون والمختصون ذوي العلاقة، ومن الأساليب العلاجية التي يمكن إتباعها ما يلي:

1. التدريب على الاسترخاء والتنفس العميق وذلك من أجل جعل عملية الانتباه اكثر تلقائية وفاعلية. يعمل الاسترخاء العقلي على تهدئة الطفل ويقلل من التشتت لديه مما يزيد بالتالي من زيادة مستوى تركيزه وتحسين اداءه. وقد تتضمن هذه العملية الطلب من الأطفال تخيل بعض المشاهد لأن مثل ذلك يساعد على الاسترخاء.

2. التدريب على التنظيم الذاتي من خلال مساعدة الطفل على ملاحظة سلوكاته ذاتياً وتطوير قدرته على ضبط الذات. وتتطلب مثل هذه الطريقة تدريب الطفل على توجيه سلوكه من خلال الحديث مع نفسه وملاحظة ما يقوم به من أفعال، وهذا بالطبع يعني ضرورة ملاحظة الأهل والمعلمون لما يقوم به الطفل من أنماط سلوكية وتوجيهه على الانخراط في أفعال هادفة وهادئة مع تقديم الدعم له. ولتعزيز قدرته على الضبط الذاتي يفضل أن يتم التدرج في نوعية المهمات التي يطلب من الطفل الانخراط بها من حيث مستوى صعوبتها والزمن اللازم لتنفيذها وذلك من أجل تمكينه من تحقيق النجاح وتعزيز ثقته بذاته. ويمكن تحقيق ذلك من هذه خلال :

أ. جدولة المهمات والأعمال والواجبات المطلوبة بحيث يتم إنجازها على مراحل مع تقديم الدعم والتشجيع للطفل في كل مرحلة من هذه المراحل.

ب. التدريب المتكرر على القيام بأنشطة تزيد من مستوى التركيز والمثابرة لديه مثل تجميع الصور وتصنيف الأشياء (حسب الشكل أو اللون أو الحجم) والكتابة المتكررة بالإضافة إلى العاب الفك والتركيب.

3. استخدام برامج التعزيز المختلفة وتشمل :

أ. التعزيز اللفظي للسلوك المناسب: ويتمثل في تشجيع الطفل على السلوكات المرغوبة التي يقوم بها من خلال استخدام عبارات الثناء والمديح للطفل مثل : كم كنت رائعاً لأنك جلست هادئاً، جميل ما قد قمت به، أنت ممتاز ورائع لأنك انهيت المطلوب منك وإلى غير ذلك من عبارات التشجيع والمديح. وحتى يكون هذا التعزيز فعالاً يجب أن يقدم بعد الانتهاء من العمل مباشرة وأن تكون نبرة الصوت أثناء تقديمه واضحة ومؤثرة مع النظر إلى الطفل والابتسامة له.

ب. التعزيز المادي: ويتمثل في استخدام الهدايا والجوائز والألعاب والأطعمة (الحلوى، والعصائر) لمكافئة الطفل على سلوكه المناسب ولا سيما عندما يجلس هادئاً وعندما تطول فترة انتباهه ويصغي إلى التعليمات ، أو عندما يلعب ويتحرك بهدوء وعندما ينجح في انجاز بعض المهمات.

ج- التعزيز الرمزي: وهي عبارة عن معززات رمزية يمكن استبدالها لاحقاً بمعززات مادية وتشمل المعززات الرمزية الكوبونات والطوابع، والى وغير ذلك. بالإضافة لذلك يمكن اتباع اسلوب النقاط، ممثلاً ذلك بالعلامات أو وضع بعض إشارات مقابل اسم الطفل عندما يمارس السلوك المرغوب بحيث يتم استبدال هذه الإشارات لاحقاً بمعززات اخرى مثل الألعاب والحلوى والجوائز المادية.

د. العقود: ويتمثل ذلك في استخدام سلوك مفضل، لدى الطفل كمعزز لسلوك لا يرغب الطفل فيه ، أو الاشتراط على الطفل بالحصول على مكافئة أو جائزة معينة إذا ما قام بعمل ما أو انجز مهمة معينة. فعلى سبيل المثال ، يمكن للاباء والمعلمون تحديد أنماط السلوك التي يفترض للأطفال القيام بها مقابل السماح لهم بالحصول على مكافئات معينة أو ممارسة أنشطة يفضلونها.

4. تزويد الطفل بنظام من التعليمات: وفي هذا الإجراء يفترض بالآباء والمعلمون التوضيح للأطفال ما هو متوقع منهم، ووصف أنماط السلوك المرغوب دون إظهار الغضب والانفعال كأن يقول الأب للطفل مثلاً أن كثرة تنقلك من مكان على آخر سوف يعيقك من إنجاز المهمة، أو إن هذه الأفعال الحركية التي تقوم بها ربما تؤدي بك إلى السقوط وتعريض نفسك للخطر، أو عندما تشعر بالضيق والتعب خذ نفساً عميقاً وتابع من جديد.

5. الأساليب المتخصصة: عندما تفشل الإجراءات السابقة في علاج اضطراب النشاط الزائد وتشتت الانتباه لدى الأطفال يمكن اللجوء إلى الأخصائيين النفسيين لإعطاء الأطفال أنواعاً معينة من العلاج تحت الإشراف الطبي أو اقتراح حميات غذائية معينة أو اللجوء إلى أساليب الاسترخاء العقلي وتقليل الحساسية للتوتر. ومن أنواع الأدوية التي يمكن إعطاءها للأطفال الريتالين والدكسيدرين والسايلر وغيرها، ولكن يجب الحذر في الإفراط في استخدام مثل هذه الأدوية ويجب أن تعطى تحت الإشراف الطبي لأن لمثل هذه الأدوية تأثيرات جانبية مثل الأرق والصداع وقلة الشهية.

بالإضافة إلى الأدوية والعقاقير الطبية يمكن توظيف الأساليب العلاجية النفسية التي تعمل على إزالة التوتر وحل الصراعات ومن أبرزها العلاج من خلال اللعب.

2. التبول اللاإرادي:

يعد التبول اللاإرادي من أكثر الاضطرابات شيوعاً لدى الأطفال، وهي ظاهرة

125

مرضية عامة تعرف باسم سلس البول والتي تسبب الإزعاج لكل من الأطفال والأمهات (شيفر وملمان،1999). ويعرف التبول اللاإرادي على أنه عدم القدرة على التحكم بالمثانة مما يتسبب في انسياب البول على نحو لاإرادي. وقد يأخذ التبول اللاإرادي أحد شكلين هما التبول في الفراش أثناء النوم وهو ما يعرف بالتبول الليلي، أو التبول أثناء اللعب أو الجلوس والوقوف ويعرف بالتبول النهاري.

هناك نوعان من التبول اللاإرادي: التبول المستمر الذي يبدأ منذ الولادة ويستمر إلى المراحل العمرية اللاحقة، والتبول المتقطع الذي يحدث في فترات متقطعة، ومثل هذا النوع يحدث عادة بعد التحكم بعملية التبول لفترة من الزمن بحيث يعود الطفل للتبول مرة أخرى بين حين وآخر.

لا يعتبر التبول اللاإرادي مشكلة حتى سن الخامسة من العمر، حيث يلاحظ أن 10% من الأطفال يستمرون في التبول حتى هذا العمر تقريباً، ولكن حدوث التبول وبشكل مستمر أو متقطع بعد هذا العمر يعني وجود مشكلة حقيقة لدى الطفل تستدعي الانتباه والعلاج.

ففي الظروف النمائية السليمة نجد أن غالبية الأطفال يبدأون في ضبط مثانتهم في نهاية السنة الثانية من العمر وحتى نهاية السنة الرابعة، وهذا الأمر يعد طبيعياً لا مشكلة فيه، فإذا ما استمر الطفل في التبول اللاإرادي الليلي أو النهاري خلال السنة الخامسة من العمر واستمر في ذلك، فإن الأمر يتطلب التشخيص الدقيق لمثل هذه الظاهرة والتدخل العلاجي المناسب.

تسود ظاهرة التبول اللاإرادي لدى الذكور أكثر من الإناث ويتناقص معدل حدوثها مع التقدم بالسن، هذا وتبلغ نسبة حدوثها (12%) لدى الأطفال بين سن الخامسة والسادسة، و (8%) لدى أطفال الثامنة من العمر، في حين تبلغ نسبتها (5%) بين سن 12 و15 سنة لتتناقص وتصبح(2%) في بداية سن المراهقة و(1%) بعد سن الخامسة عشرة.

أشكال التبول اللاإرادي:

كما أسلفنا سابقاً أن التبول اللاإرادي قد يحدث أثناء النوم أو أوقات اليقظة، وقد يأخذ الشكل المتقطع أو المستمر بحيث تتباين أشكال اضطراب التبول اللاإرادي لتأخذ الأشكال التالية (السفاسفة وعربيات، 2005):

اشكال الاضطرابات الانفعالية والسلوكية لدى الأطفال

1. التبول اللاإرادي منذ الولادة: من الطبيعي أن الأطفال منذ الولادة وحتى نهاية السنة الثانية لا يستطيعون التحكم بعمليات التبول وذلك بسبب عدم إكتمال عمليات النضج لديهم، ومثل هذا النوع من التبول هو الأكثر انتشاراً لدى الأطفال حيث تشكل نسبته 86% من مجموع حالات التبول اللارادي.

2. التبول اللاإرادي المؤقت (الانتكاسي): ويحدث هذا النوع من التبول عندما يصل الطفل إلى مرحلة التحكم في عمليات التبول وضبط المثانة لفترة زمنية تتراوح بين 6 أشهر إلى سنة، إلا انه يعود إلى تبليل ثيابه مرة أخرى نتيجة لظروف نفسية أو بيئية أو أسريه.

3. التبول اللاإرادي الليلي: يكثر هذا النوع لدى الأطفال في المراحل العمرية المبكرة، حيث نجد أن 66% من مجموع الأطفال يبللون ثيابهم أثناء الليل. وقد يرتبط حدوث هذا النوع من الاضطراب بعوامل مثل البرد أو الأحلام والكوابيس التي يعاني منها الأطفال.

4. التبول اللاإرادي النهاري: تتراوح نسبة انتشار التبول النهاري بين 2.5 - 5% من مجموع الأطفال، ويحدث هذا النوع عندما يواجه الأطفال مواقف جديدة أو مقلقة أو غير مألوفة مثل الانتقال إلى سكن جديد أو أثناء الزيارات أو الدخول إلى رياض الأطفال أو المدرسة.

5. التبول اللاإرادي الليلي النهاري: بالرغم من أن بعض الأطفال يتبللون لا إرادياً أثناء الليل والبعض الآخر أثناء النهار، نجد ان هناك أطفالاً يعانون من هذا الاضطراب أوقات النوم واليقضة، ويسود مثل هذا النوم لدى 33% من مجموع الأطفال في السنوات العمرية المبكرة.

6. التبول اللاإرادي العرضي المزمن: وهو من أكثر اضطرابات التبول اللاإرادي خطورة وأكثرها تأثيراً في نفسيه الأفراد وإزعاجاً للمحيطين بهم. ويظهر هذا الشكل في التكرار غير المألوف لعملية التبول وانتكاس الحالة بعد الشفاء المؤقت لها، بحيث يتكرر التبول اللاإرادي لدى الأطفال ويستمر لديهم لفترات لاحقة.

7. التبول اللاإرادي المصاحب للأحداث: وهذا الشكل من التبول يحدث في مواقف وحالات مؤقتة مثل سفر أحد الوالدين أو بسبب الغيرة من قدوم طفل جديد أو بسبب الحرمان أو القلق.

127

8. التبول اللاإرادي غير المنتظم: ومثل هذا النوع يحدث على فترات متقطعة ومتباعدة، وقد يرتبط بالأحداث اليومية أو الليلية التي يمر بها الطفل.

أسباب التبول اللاإرادي:

هناك مجموعة أسباب محتملة تقف وراء حدوث اضطراب التبول اللاإرادي لدى الأطفال منها ما هو عضوي ومنها ما هو نفسي.

هذا وقد يتفاعل أكثر من عامل واحد في تطور هذا الاضطراب، ويمكن إبراز هذه الأسباب والعوامل على النحو الآتي:

أولاً: الأسباب الفسيولوجية والعضوية

يمكن إجمال هذه الأسباب والعوامل على النحو التالي:

أ. فقر الدم وزيادة تركيز مادة التوكسين في الجسم.

ب. خلل في النمو التكويني أو الوظيفي في أحد أعضاء الجهاز التناسلي.

ج. خلل في الأداء الوظيفي للجهاز العصبي الذي يتحكم بعمليات التبول.

د. الالتهابات مثل التهاب المثانة والحالب والمستقيم والكلى أو وجود الحصى في الكلى والتهاب اللوزتين والزوائد الأنفية

هـ. صغر حجم المثانة وعدم اكتمال نموها.

و. الإصابة ببعض الأمراض مثل مرض السكري، واضطراب عمل الغدة النخامية والأمراض المعوية التي تسببها الديدان والطفيليات مثل الأكسيوروس والانكلستوما والبلهارسيا وغيرها.

ح. وجود تشوهات في العمود الفقري وخصوصاً الفقرات القطنية مما يتسبب بحدوث ضغط على الأعصاب المسيطرة على عمل المثانة.

ط. الإصابة ببعض الاضطرابات والأمراض العصبية مثل حالات الصرع.

س. الخلل أو النقص في إفراز بعض الهرمونات مثل الأنسولين والهرمون المعروف باسم Anti Diurtic والذي يتحكم بعملية التبول .

ثانياً: الأسباب الوراثية

تشير الاحصائيات إلى أن 75% من الأطفال الذين يعانون من التبول اللاإرادي ينحدرون من أباء وأمهات كانوا يعانون من هذا الاضطراب. وتظهر نتائج بعض الدراسات الاخرى كذلك وجود علاقة ارتباطية بين تبول الأطفال وتبول إخوانهم ضمن الأسرة أو العائلة الواحدة.

ثالثاً: الأسباب الاجتماعية والتربوية :

وتتمثل هذه الأسباب فيما يلي:

1. انتقال الأسرة إلى مسكن جديد، وزيارة الأصدقاء والأقارب لفترة من الزمن.

2. تقصير الوالدين وعجزهم على تدريب الطفل على ضبط عملية التبول أو بسبب عدم اللامبالاة في مراقبة الطفل أو إيقاظه أثناء الليل وإرشاده للذهاب إلى الحمام.

3. الإفراط والمبالغة في التدريب على عملية الإخراج و التبول من قبل الوالدين (http:// www:noo probems,2005)

4. الخلافات العائلية وتفكك الأسرة وكذلك الصراعات والشجار داخل الأسرة أمام الأبناء.

5. وفاة أحد الأشخاص المقربين للطفل.

6. التدليل والتسامح الزائد عندما يتبول الطفل مما يعزز هذا السلوك لديه لاحقاً.

7. التدريب على التحكم بعمليات التبول في سن مبكرة

رابعاً: الأسباب النفسية

تكاد تكون الأسباب النفسية من أكثر العوامل التي تؤدي إلى تطوير اضطراب التبول اللاإرادي لدى الأطفال، وتتمثل هذه الأسباب بما يلي:

أ . الغيرة الشديدة نتيجة لوجود منافس للطفل داخل الأسرة أو بسبب قدوم مولود جديد، مما يولد سلوك الغيرة لديه.

ب. فقدان الشعور بالأمن، والقلق وكثرة الإحباطات والصراعات.

ج. سوء علاقة الطفل بأمه وإهمالها أو تقصيرها في إشباع حاجات الطفل.

د. الحرمان العاطفي من جانب الوالدين

هـ. التهديد والعقاب الشديد من قبل الوالدين مثل الضرب والتوبيخ.

و. الخوف من الظلام أو الحيوانات أو الأفلام والأشباح والصور المرعبة.

ز. قلق الانفصال والخوف من فقدان أو الابتعاد عن أحد الوالدين

ح. الإفراط في أساليب رعاية وحماية الطفل مما يؤدي إلى تدني ثقة الطفل بنفسه ورفع مستوى الاعتمادية على الآخرين لديه.

ط. تغيير المربية

ي. ذهاب الطفل إلى الروضة والمدرسة.

الإجراءات الوقائية والعلاجية

هناك عدد من الإجراءات يجب القيام بها لعلاج حالات التبول اللاإرادي والتقليل منها ما أمكن، ومن هذه الإجراءات:

1. الكشف الطبي والتحقق من السلامة العضوية والفسيولوجية للطفل. ويتم هذا الإجراء من خلال عمل التحاليل المختلفة للبول والبراز والدم للتأكد من سلامة الجهاز البولي والتناسلي وجهاز الإخراج لدى الطفل. كما يجب فحص الطفل للتأكد من سلامة الأنف والأذن والحنجرة وخلوها من الالتهابات بالإضافة إلى فحص الجهاز العصبي والهضمي. وفي حال وجود أية أمراض أو اضطرابات عضوية عندها يستلزم الأمر علاج هذه الاضطرابات من خلال الأدوية والعقاقير الطبية تحت الإشراف الطبي المناسب واستخدام جرعات من العسل قبل النوم.

2. في حال التأكد من خلو الطفل من أية أمراض أو اضطرابات عضوية يمكن للوالدين اتباع الإجراءات التالية:

- إراحة الطفل نفسياً وبدنيا وإعطاءه فرصة كافية للنوم وذلك من أجل تهدئة الجهاز العصبي وتخفيف التوتر النفسي لديه

- التقليل من شرب الماء والعصائر والأغذية والفواكة التي تساعد على إدرار البول قبل ساعات من موعد نوم الطفل.

- تخفيض مستوى التوتر والضغوط لدى الطفل
- تدريب الطفل أثناء النهار على تأخير عمليات التبول لأطول وقت ممكن ومكافئته على ذلك.
- إشباع حاجات الطفل وتوفير الأمن والحنان والحب والعطف للطفل.
- تعزيز ثقة الطفل بنفسه وتشجيعه على المحافظة على فراشه نظيفاً وجافاً من خلال مبدأ التعزيز التفاضلي بحيث يتم مكافأة الطفل عندما لا يتبول وحرمانه من التعزيز عندما يبول على نفسه.
- عدم مقارنة الطفل بالآخرين ولا سيما إخوانه الذين يستطيعون التحكم بعمليات التبول.
- الابتعاد عن التهكم والسخرية والنقد والعقاب والتهديد أو التشهير بالطفل أمام الآخرين
- التدريب السليم والمتزن على العادات الصحية السليمة وكيفية التحكم في عمليات التبول والإخراج.
- تبديد مشاعر الخوف والقلق والتوتر لدى الأطفال ومنعهم من مشاهدة الأفلام والصور المرعبة أو الاستماع إلى الأحاديث والقصص المخيفة.
- الابتعاد عن الملابس الضيقة أو تلك التي يصعب على الطفل خلعها وذلك لمساعدته على الاعتماد على الذات في عمليات التبول.

3. استخدام الجرس الكهربائي: يعرف هذا الإجراء باسم طريقة الجرس والوسادة، ويستخدم عندما يستمر الطفل بالتبول حتى عمر متأخر بالرغم من كل الجهود التي يبذلها الوالدين في علاجه. يعد هذا الإجراء فعالاً حيث وجد ان 70% من الحالات يتم شفاؤها بعد شهرين من استخدامه. وهذا الإجراء هو بمثابة وسادة سلكية صغيرة توضع فوق سرير الطفل وتتصل بجرس كهربائي مثبت بجانب السرير، فعند نزول أول قطرة بول فأن الدائرة الكهربائية تتوقف فيرن الجرس، وهذا يدفع الطفل إلى التوقف عن التبول والاستيقاظ والذهاب إلى الحمام.

3. اضطراب التوحد Autism

التوحد هو عبارة عن إعاقة نمائية معقدة تظهر عند بعض الأطفال خلال السنوات الثلاثة الأولى من العمر وتتجلى في مظاهر نمائية مثل.

131

(U.S Department of Health and Human Services,1999; Pacer Center,2001، يحي،2003):

1. الاضطراب في التفكير والعمليات العقلية.
2. الاضطراب في عمليات التفاعل الاجتماعي والتواصل مع الآخرين.
3. الاضطراب في النطق واللغة.
4. الاضطراب في الاستجابة للمثيرات الحسية.

يصاب بهذا الاضطراب حوالي (20) طفل من كل (10.000) طفل تقريباً وهو أكثر انتشاراً لدى الذكور من الإناث، حيث يزيد معدل انتشاره لدى الذكور اربع مرات عنه عند الإناث، وهو ليس من الاضطرابات التي ترتبط بالعوامل الثقافية أو العرقية أو الاجتماعية او الاقتصادية أو الأكاديمية.

يحدث التوحد نتيجة اضطرابات عصبية تؤثر في نشاط الدماغ وتعيقه من النمو السليم مما يترتب على ذلك قصور في مجالات التفكير والتفاعل الاجتماعي ومهارات التواصل مع الآخرين، حيث يعاني المصابين بهذا الاضطراب مشكلات في التواصل اللفظي وغير اللفظي وعمليات التفاعل الاجتماعي وفي ممارسة الأنشطة والألعاب والاستجابة للمثيرات والمواقف المختلفة، الأمر الذي يجعل منهم غير قادرين على التكيف وتحقيق الاستقلالية الذاتية.

أسباب اضطراب التوحد

ترجع أسباب التوحد إلى عاملين رئيسيين تتمثل في:

1. العوامل الداخلية: ويتمثل في العوامل الجينية الوراثية لوجود جينات تثير الاستعداد والقابلية للإصابة بالتوحد لدى بعض الأطفال. فقد اظهرت نتائج بعض الدراسات التي قدمت في مؤتمر أبحاث التوحد في أمريكا وجود جينات تؤثر في فعالية بروتين الميثالوثيونين المسؤول على تنظيم نسبة الزنك والنحاس في الجسم مما يتسبب في اضطراب في نشاط الجهاز العصبي. ويظهر من تحليل الصور الإشعاعية المغناطيسية (MRT) وجود اختلافات في الأنشطة الحيوية والعصبية للدماغ، بالإضافة إلى اختلافات في تركيب الدماغ لدى الأطفال التوحديين ولا سيما في الجزء المسؤول عن الحركات اللاإرادية للجسم.

2. العوامل الخارجية: وتتمثل في عوامل التلوث في البيئة مثل المعادن السامة كالزئبق والرصاص أو الاستعمالات المفرطة للمضادات الحيوية أو التعرض للالتهابات والفيروسات. وهذا يترتب عليه حدوث تغيرات نتيجة لزيادة تكاثر الفطريات (الكانديدا) والبكتيريا في الامعاء تتمثل في زيادة نفاذية الأمعاء ونقص الفيتامينات ونقص الأحماض الأمينية ونقص قدرة الجسم على التخلص من السموم.

الأعراض الرئيسية للتوحد:

يمكن رصد أعراض التوحد ما بين السنة الثانية والثالثة من عمر الطفل. وعموماً يمتاز التوحد بمجوعة من اعراض رئيسية هي:

1. ضعف العلاقات الاجتماعية: يتصف الطفل المتوحد بعدم قدرته على التواصل الاجتماعي وإقامة العلاقات مع الام والأب وأفراد العائلة والأفراد الأخرين، فهو لا يهتم بوجود الاخرين ولا ينتبه أو ينظر إليهم عندما يكلمونه، ولا يستمتع بوجودهم أو يشاركهم اهتماماتهم وألعابهم. كما أنه يفضل أن يكون منعزلاً يمارس العابه ونشاطاته بشكل منفرد بعيداً عن الآخرين. ويمتاز الطفل المتوحد ايضاً بعدم قدرته على التعرف على مشاعر الآخرين او الإحساس بها، حيث لا يعطي بالاً لمشاعر وانفعالات الآخرين ولا يتفاعل معها (جوهر،2003).

2. ضعف التواصل اللغوي: يمتاز الطفل المتوحد بضعف قدرته على التعبير اللغوي وتأخر في الكلام، حيث يستعمل كلمات غريبة من تأليفه ويكرر استعمالها، ويميل عادة إلى ترديد آخر كلمة في الجملة التي يسمعها ويواجه صعوبات في استعمال الضمائر، فمثلاً بدل أن يقول "أنا أريد أن أنام" نجده يقول "أحمد يريد ان ينام" حيث أنه يستبدل الضمير باسمه. وفي هذا المجال نلاحظ أن الطفل المتوحد لا يستجيب بشكل ملائم للتعبيرات اللفظية ويتصرف وكأنه أصم، فهو لا يجيد التواصل اللفظي مع الآخرين، وعادة ما يعبر على احتياجاته من خلال الإيماءات والإرشادات بدلاً من الكلمات. عموماً يتصف هذا الطفل ببطء النمو اللغوي واستخدام كلمات غريبة غير مألوفة دون ربطها بمعانيها أو السياق الذي تحدث فيه.

3. الانغلاق الذاتي ومقاومه التغيير: يمتاز الطفل المتوحد بعدم المرونة وحب الروتين

ومقاومه التغيير، فهو لا يميل إلى تغيير أنماط اللعب والأنشطة التي يمارسها أو تغيير ملابسه أو أنواع المأكولات التي يتناولها، ويميل إلى التعلق بأشياء محددة مثل دمية، أو وسادة أو أي شيء آخر. ومما يميز الطفل المتوحد أيضاً عدم قدرته على اللعب العفوي أو اللعب المرتكز على الخيال أو محاكاة أفعال الآخرين وتدني قدراته على المبادرة والابتكار، فهو يصر على الأشياء ذاتها ويقاوم أي تغيير ويميل الى تدوير الأشياء واللعب بطرق غير مألوفة، وقد يلحق الأذى بذاته نظراً لانعدام احساسه بالخوف المترتب عن اللعب أو العبث ببعض الأشياء.

4. مظاهر سلوكية أخرى: بالإضافة إلى الأعراض السابقة، هناك جملة خصائص أخرى يتصف بها الطفل المتوحد مثل:

1. الإفراط الملحوظ في النشاط البدني أو الخمول الشديد.

2. الضحك والقهقهة بطريقة غريبة وغير ملائمة.

3. تقلب المزاج وإبراز الانفعالات المفاجئة.

4. ضعف المهارات الحركية الدقيقة والعامة.

5. اضطراب في عمليات الإدراك والتفكير وحل المشكلات.

6. الاستجابة غير الطبيعية للأحاسيس الجسدية كالاحساس اللمسي أو ضعف في الاستجابة للألم وضعف الأحاسيس الأخرى الشمية والبصرية والذوقية.

7. تدني ضعف حب الفضول والاكتشاف لديهم.

علاج اضطراب التوحد

تظهر الخبرات العملية فعالية التدخل المبكر في التخفيف من اعراض التوحد المختلفة، إذ أن توظيف برامج تربوية ملائمة ومكثفة مثل برامج الدمج التربوي والبرامج التي تعزز من اهتمامات الطفل، والبرامج التي تركز على المثيرات البصرية والبرامج التي تتضمن التدريب للآباء والعاملين من شأنه أن يسهم إلى درجة كبيرة في مساعدة الأطفال التوحديون على التكيف وتحقيق مستوى معقول من التعلم.

لقد اظهرت نتائج الدراسات أن الأطفال المصابين بالتوحد يستجيبون بشكل جيد إلى برامج التربية الخاصة المتخصصة وعالية التنظيم والتي تركز على تلبية الاحتياجات الفردية للأطفال، ومثل هذه البرامج تصمم بعناية فائقة من قبل فريق من

الأخصائيين يتألف من معلمي التربية الخاصة وإخصائي تعديل السلوك وأخصائي علاج النطق والكلام وأخصائي التدريب السمعي والدمج الحسي وأخصائي التغذية والأطباء.

وتركز برامج التربية الخاصة على عدد من المسائل تتمثل في :

أ. علاج مشكلات التواصل .

ب. تنمية المهارات الاجتماعية .

ج. علاج الضعف الحسي.

د. تعديل السلوك .

هـ. التدريب على مهارات الحياة اليومية .

و. تنمية الاستقلالية الفردية الذاتية.

ز. تنمية قدرة الطفل التوحدي على الاختيار من بين البدائل واتخاذ القرارات.

وفي الغالب تشتمل برامج التربية الخاصة على الإجراءات العلاجية المبينة ادناه او بعضاً منها:

1. إجراءات تعديل السلوك.
2. إجراءات علاج النطق
3. إجراءات تنمية الإحساس .
4. إجراءات تنمية التواصل البصري.
5. إجراءات العلاج بالموسيقى.
6. إجراءات التدريب السمعي
7. اجراءات العلاج الوظيفي .
8. إجراءات العلاج الفيزيائي.

4: اضطرابات النطق والكلام

يعد النطق او الكلام أحد الوسائل اللغوية التي من خلالها يتفاعل الفرد مع الآخرين وينقل لهم افكاره ويعبر فيها عن حاجاته ورغباته، وهو أداة للتواصل وإعطاء التعليمات

والأداء ووسيلة لاكتساب المعرفة والتفكير والتخيل والترويج عن النفس. وتنبع أهمية النطق في كونه احدى السمات التي تميز الإنسان عن بقية المخلوقات وتأكيد صبغته الاجتماعية.

هناك العديد من مشكلات النطق والكلام التي يعاني منها الأفراد ومثل هذه المشكلات تتباين من حيث اسبابها واعراضها. ويرى الباحثون أن اضطرابات النطق والكلام تصنف إلى فئتين هما (يوسف،1991):

أ. اضطرابات النطق والكلام ذات المنشأ العضوي ومثل هذه الاضطرابات تحدث نتيجة خلل أو عيب في جهاز السمع أو جهاز الكلام كالتلف أو التشوه أو نتيجة لنقص في القدرة العقلية العامة لدى الفرد أو لإصابات في مناطق معينة.

ففي هذا الصدد، اظهرت نتائج الابحاث التشريحية ان التلف او الخلل في منطقة بالدماغ تدعى منطقة باروكا (Baroca) يؤثر في قدرة الفرد على التعبير اللغوي في الوقت الذي يستطيع فيه فهم العبارات المسموعة، في حين وجد أن الخلل أو التلف في منطقة ورينك (Werincks) يعيق عملية فهم التعابير اللغوية ويؤثر في قدرة الفرد على ربط تعابيره اللغوية بالسياق الذي تحدث فيه.

ب. اضطرابات النطق والكلام ذات المنشأ الوظيفي: تتمثل هذه الاضطرابات في عدد من العيوب مثل عدم القدرة على التعبير أو الفهم، وغالباً هذه الاضطرابات لا ترتبط بأسباب عضوية وإنما ترجع إلى أسباب اجتماعية ونفسية، وهي تتباين في نوعها وشدتها تبعاً لمدى قوة العوامل المسببة لها، وخصائص الفرد. وفيما يلي عرض لبعض اضطرابات النطق والكلام:

1. الحذف: ويتمثل هذا النوع من الاضطراب في حذف بعض الأصوات أثناء نطق الكلمات والجمل مما يجعل من لغة الفرد غير واضحة ومفهومه، وقد يشتمل هذا العيب على حذف صوت حرف معين أو أصواتاً متعددة ويتكرر مثل هذا الحذف في كلام الفرد لدرجة أن المقربين له كالآباء والأمهات لا يستطيعون فهم كلامه.

2. الإبدال: ويتمثل هذا النوع من الاضطراب عندما يستبدل الفرد بعض الأصوات بأصوات أخرى أثناء عمليات النطق للمفردات والجمل. ويأخذ الإبدال شكلين هما (السفاسفة وعربيات، 5002):

أ. الإبدال الجزئي: وفيه يستبدل الفرد صوت حرف بصورة حرف آخر أثناء نطقه المفردة أو كلمة ما. فقد يستبدل حرف الراء مثلاً بحرف الغين عند نطق كلمات

مثل (تمرين) حيث يلفظها (تمغين) أو استبدال حرف الراء بحرف الواو وحرف السين بحرف الشين أو استبدال حرف الثاء بحرف الفاء مثل (فوم) بدلا من (ثوم).

ب .الإبدال الكلي: وهنا يستبدل الفرد لفظ كلمة بلفظ آخر مغاير كأن يقول (دالة) ويقصد بها غزالة.

3. التحريف: ويحدث هذا النوع عندما يلفظ الفرد صوت الحرف بطريقة خاطئة ولكن يكون الصوت الجديد قريباً من صوت الحرف الأصلي، وقد يكون السبب في ذلك اصدار الصوت من المكان غير الصحيح أو بسبب وضع اللسان في الموضع غير الصحيح أثناء النطق.

4. الإضافة: ويحدث هذا النوع عندما يضيف الفرد صوتاً أو مقطعاً إلى النطق الصحيح . فالفرد عندما ينطلق كلمة ما يضيف لها صوت حرف أو أصوات أكثر من حرف واحد مما يجعل من كلامه نوعاً ما غير واضح.

5. الخمخمة: ويتمثل هذا النوع من الاضطراب في خروج بعض أصوات الحروف من الأنف بدلاً من الفم، مما يعطي نطق الفرد طابعاً خاصاً يمتاز بحده درجة التنغيم.

6. السرعة الزائدة في الكلام: ويتمثل هذا النوع في سرعة نطق الكلمات والعبارات مما يجعل من الكلام غير واضحاً، وقد يرتبط هذا النوع من الاضطراب بخلل في عمليات التنفس (السفاسفة وعربيات، 2005).

7. الحبسة: هناك أنواعاً عديدة من الحبسة، وأهم ما يميز الفرد الذي يعاني من الحبسة، في أنه يعاني من عسر في الكلام، حيث نجده يبذل مجهوداً ويأخذ وقتاً لنطق الكلمة وسرعان ما يتبع ذلك نطق انفجاري سريع للكلمة.

8. التأتأة: وهي الكلام المتقطع غير الاختياري عند بداية النطق يتمثل في اضطراب في الإيقاع الصوتي يأخذ شكل تكرار وإعادة صوت معين مثل (أأأأأأ...) وقد يأخذ هذا الاضطراب شكل التلعثم في الكلام ويظهر في المراحل العمرية المبكرة وينخفض تدريجياً مع التقدم بالعمر وعمليات التعلم. وهذا وقد يترافق هذا النوع باضطرابات انفعالية أخرى مثل الخجل وتدني مفهوم الذات والانسحاب (شيفر ومليمان، 1999).

9. اللجلجة: وهي نوع من أعادة في الكلام تظهر في شكل ترديد وتكرار سريع للمفردات وقد يصاحبه تشنجات في عضلات التنفس والكلام. فقد نجد أن الفرد الذي يعاني من هذا الاضطراب يكرر نطق حرف معين دون مبرر لذلك كأن يقوم (س س سيارة) أو (ححممص)، وإلى غير ذلك من التكرارات النطقية غير المبررة.

أسباب اضطرابات النطق والكلام

كما أسلفنا سابقاً أن هناك مجموعتين من العوامل التي تقف وراء اضطرابات النطق والكلام وهي العوامل العضوية والعوامل النفسية والاجتماعية، وفيما يلي عرض لأبرز العوامل النفسية والاجتماعية:

1. الإفراط في استخدام العقاب: ولا سيما البدني منه والتهديد المستمر بإنزال العقوبات بالطفل مما يولد لدى الطفل مشاعر التوتر والقلق والذي ينعكس في شكل اضطرابات في النطق.

2. توقعات الوالدين: يجهل كثير من الآباء والأمهات مراحل التطور النمائي عند الطفل الأمر الذي يجعلهم يتوقعون أن التدريب المبكر على النطق يسّرع من عمليات الكلام والاكتساب اللغوي لدى الطفل. وهكذا نجد أن بعض الآباء والأمهات يصرون على تدريب الطفل مبكراً على الكلام، الأمر الذي يخلق لديه نوعاً من التوتر أو رد الفعل المعاكس يظهر في شكل التلعثم أو التأتأة في الكلام (شيفر وملمان، 1999).

3. الحرية الزائدة والإفراط في دلال الطفل : إن شدة الحرص والخوف من قبل الآباء على الأطفال يجعل منهم أفراداً أكثر اعتماداً واتكالية على الآخرين، وهذا من شأنه أن يعيق عملية النطق لديهم والتعبير عن ذواتهم.

4. الشعور بعدم الأمان: تسهم الخلافات العائلية وعدم الاستقرار في العلاقات بين الوالدين، وما ينجم عن ذلك كثرة الصراعات والشجار في خلق حاله من التوتر والقلق لدى الطفل من حيث يشعر الطفل بعدم الأمان والخوف من فقدان أحد والديه والخوف من المستقبل، وقد يتطور ذلك ليظهر في أشكال اضطرابات سلوكية وانفعالية منها اضطرابات النطق مثل التأتأة والتلعثم واللجلجة.

5. التعبير عن الصراعات المكتوبة: هناك من يرى أن بعض اضطرابات النطق أو الكلام هي مجرد تنفيس عن الدوافع والرغبات المكبوتة مثل الدوافع الجنسية والعدوانية والتي لا يستطيع الفرد التعبير عنها مباشرة بسبب العوامل الاجتماعية والدينية والثقافية، أو أنها تعبير عن الخبرات المؤلمة وغير السارة التي خبرها الفرد في السابق.

6. التقليد والنمذجة: تتطور بعض اضطرابات النطق لدى بعض الأطفال نظراً لتعرضهم لفترة طويلة لنماذج تعاني من اضطراب في الكلام أو النطق ولا سيما إذا كان سلوك مثل هذه النماذج معززاً، حيث يعمد بعض الأطفال لتقليد سلوكاتهم والتنمذج معهم، وهذا بالتالي من شأنه أن يسهم في تطور اضطراب في النطق لديهم.

7. التعزيز والتدعيم: قد يعمد بعض الآباء والمحيطين بالطفل بتعزيز وتدعيم اضطراب النطق لديه من خلال الابتسامة له وتكرار ترديد مفرداته وذلك من باب إظهار الحب والإعجاب بتعبيرات الطفل. ومثل هذا الأمر يدفع الطفل إلى الاعتقاد بان هذا التعزيز جاء تدعيماً لتعابيره مما يؤدي بالتالي إلى استمرار الطفل في نطق المفردات بالطريقة التي تعود عليها، وقد يستمر هذا الاضطراب لديه لفترات عمرية لاحقة إذا لم يتم تداركه وعلاجه.

الإجراءات الوقائية والعلاجية

للتغلب على مشكلات النطق والكلام هناك عدد من الإجراءات الوقائية والعلاجية بالإمكان اللجوء إليها، وحتى يتحقق الغرض من هذه الإجراءات يجب تظافر الجهود وتكثيف عملية المتابعة والاستمرار في متابعة حالة الطفل من قبل الوالدين والمعلمون والأخصائيين ذوي العلاقة. وفيما يلي عرض لبعض الوسائل الوقائية والعلاجية.

أولاً: العلاج النفسي: ويهدف هذا العلاج إلى ازالة عوامل التوتر والقلق وحل الصراعات المكبوتة لدى الطفل ومساعدته على التخلص من مشكلاته وتعميق إدراكه لمفهوم الذات لديه وتنمية اتجاهاته وتوقعاته. وعادة يتم هذا العلاج من قبل الأخصائيين النفسيين.

ثانياً: العلاج التقويمي: ويقوم هذا العلاج على فكرة استخدام أدوات وأجهزة معينة

توضع تحت لسان الطفل لمساعدته على النطق الصحيح. ويتم هذا الإجراء العلاجي من قبل الطبيب ومعالج النطق.

ثالثاً: العلاج الكلامي وتستند هذه الطريقة إلى عدد من الإجراءات تتمثل فيما يلي:

1. التدريب على الاسترخاء: وعمل الشهيق والزفير قبل نطق الكلمة أو العبارة، لأن مثل هذا الإجراء يساعد على تهيئة الحبال الصوتية على الأداء بالشكل الملائم (شيفر وملمان، 1999).

2. تدريب الأطفال على تخفيض أصواتهم ونطق الحروف والكلمات بشكل بطيء.

3. تدريب الأطفال على القراءة بصوت عال أو القراءة على صوت المؤقت الموسيقى وكذلك القراءة أمام المرآة مع توجيههم لملاحظة حركات الشفاه واللسان أثناء إصدار الأصوات (السفاسفة وعربيات، 2005).

4. التدريب على النطق من خلال النمذجة، وفي هذا الإجراء يجلس الطفل مقابل المعالج وتوضع بينهما مرآة تكون مقابل الطفل، بحيث يطلب من الطفل ملاحظة حركات فم المعالج عند نطق الكلمات والحروف والطلب منه إعادة لفظها وملاحظة حركات فمه في المرآة اثناء اللفظ أو النطق.

خامساً: إجراءات أخرى

وتتمثل هذا الإجراءات فيما يلي:

1. التدريب على النطق دون أي إكراه أو إجبار الطفل على ذلك، وفي هذا الإجراء يمكن استخدام الكتب المصورة، وفيها يتم تدريب الطفل على القراءة من خلال الإشارة إلى الصورة التي تقابل اللفظ أو تحديد اللفظ المقابل للصورة مع الطلب من الطفل نطق الألفاظ في جو يمتاز بالهدوء والتقبل، ويطغي عليه طابع المرح والفكاهة.

2. استخدام إجراءات التعزيز التفاضلي وتنويع أشكال المكافآت. ففي اجراءات التعزيز التفاضلي يجب تعزيز الطفل عندما يلفظ أصوات الحروف والكلمات بشكل صحيح وإهماله وتجاهله عندما يلفظها بطريقة خاطئة.

3. التقليل من مصادر الضغط والتهديد وتبديد مشاعر القلق والتوتر لدى الطفل، وتوفير بيئة ملائمة على التواصل الاجتماعي داخل الأسرة والمدرسية.

مصطلحات الفصل السادس

Attention	ضعف/ عجز الانتباه
Baroca Area	منطقة باروكا
Concentrating Problems	مشكلات التركيز
Circumstances	ظروف
Contract	عقد
Egocentrism	تمركز حول الذات
Events	احداث
External Factors	عوامل خارجية
Fear	خوف
Genetic Factors	عوامل جينية
Integrative Services	خدمات متكاملة
Internal Factors	عوامل داخلية
Impulsivity	الاندفاعية
Language Retardation	تأخر لغوي
Learning Dificulties	صعوبات تعلم
Organic Factors	عوامل عضوية
Overactivity	نشاط/ حركة زائدة
Phenomena	ظاهرة
Preventive Services	خدمات وقائية
Relaxation	استرخاء
Regulations	تعليمات
Rewards	مكافئات
Sensivity	حساسية
Security	امن
Senses	حواس
Self Control	ضبط الذات
Social Acceptance	قبول اجتماعي
Specialized Procedures	اجراءات متخصصة
Tohen Reinforcement	تعزيز رمزي
Threatening	تهديد
Traits	سمات
Verbal Reinfocement	تعزيز لفظي
Wernekes Area	منطقة ورينكز

الفصل السابع

الاضطرابات الانفعالية والسلوكية
لدى الأطفال
Emotional and Behavioral Disorders

- تمهيد
- الخجل
- اعراض الخجل
- اسباب الخجل
- علاج الخجل
- الاعتمادية الزائدة
- علاج الاعتمادية الزائدة
- الانسحاب الاجتماعي
- اسباب الانسحاب الاجتماعي
- علاج الانسحاب الاجتماعي
ـ العلاج السلوكي
- العلاج الاجتماعي
- العلاج البيئي
- السرقة
- أنواع السرقات ودلالاتها
- اسباب السرقة
- الاساليب الارشادية والعلاجية
- الاكتئاب

❖ اشكال الاكتئاب عند الاطفال

❖ اسباب الاكتئاب عند الاطفال

– العدوان

❖ اشكال السلوك العدواني

❖ اسباب السلوك العدواني

– نظرية الغرائز

– النظريات السلوكية

– نظرية الاحباط – العدوان

– النظرية الفسيولوجية

– نظرية التعلم الاجتماعي

❖ علاج العدوان

– العلاج السلوكي

– العلاج من خلال النمذجة ولعب الادوار

– العلاج النفسي

– اجراءات اخرى

– القلق

❖ اسباب القلق

❖ الاساليب الارشادية والعلاجية

– الغيرة

❖ اسباب الغيرة

❖ اساليب علاج الغيرة

الفصل السابع

الاضطرابات الانفعالية والسلوكية
لدى الأطفال

تمهيد:

يعاني الأطفال من بعض المشكلات الانفعالية التي تعيق نموهم الشخصي وعمليات تكيفهم الاجتماعي، بالإضافة إلى أن البعض منهم يمارس انماطاً سلوكية غير اجتماعية تشكل مصدراً لإزعاج الآخرين، الأمر الذي ينعكس أثره سلبياً في شخصية الفرد ويعيقه من عمليات التفاعل الاجتماعي والتحصيل الأكاديمي، وفيما يلي عرض لبعض هذه المشكلات:

الخجل: Shyness

يعد الخجل ظاهرة انفعالية اجتماعية تظهر لدى الأطفال في الفترة العمرية بين 2-3 سنوات، وقد تستمر خلال المراحل اللاحقة، بحيث تشكل مشكلة حقيقة للفرد في مرحلة المراهقة، إذ تبلغ نسبة انتشارها حوالي 40% لدى المراهقين والشباب. تشكل ظاهرة الخجل مصدر إزعاج وإحراج للمراهقين والشباب من حيث أنها تعيقهم من عمليات التواصل الاجتماعي المناسب مع ا لآخرين وإلى انسحابهم من العديد من المواقف(ht www.nooproblem,2005tp ://)

اعراض الخجل

يمتاز الافراد الخجولين بالمظاهر التالية:

أ. تجنب التواصل مع الآخرين والانسحاب من المواقف.

ب. انعدام الثقة بالذات وبالاخرين.

جـ الميل الى التزام الصمت.

د. الحساسية الزائدة والشعور بعدم الارتياح.

هـ المعاناة من مشاعر القلق والنقص.

و. انعدام زمام المبادرة والتطوع والمغامرة.

ح. الخوف والتردد وعدم القدرة على تحمل المسؤولية.

عموماً يمتاز الافراد الخجولين بتحاشي التواصل مع الآخرين، وعدم الرغبة في المشاركة في المواقف الاجتماعية والخوف وضعف الثقة بالنفس وبالاخرين والتردد والتكلم بصوت منخفض وأحمرار الوجه وتصبب العرق عند الحديث وقد يترافق ذلك مع حدوث ارتعاش في اطراف الجسم مثل اليدين عند الحديث أمام الاخرين، (شيفروملمان، 1999).

اسباب الخجل:

هناك عدد من الاسباب التي تؤدي الى ظهور الخجل لدى الافراد منها:

1. انعدام الشعور بالأمن : يتولد الخجل لدى الأفراد بسبب غياب عوامل الأمن والطمأنينة نتيجة لممارسات التنشئة الاجتماعية الخاطئة التي يمارسها الوالدين في التربية، ولا سيما في مراحل الطفولة المبكرة. ومن هذه الممارسات الخاطئة ما يلي:

أ. الحماية الزائدة: إن الإفراط في العناية بالطفل والحرص الشديد عليه في مرحلة الطفولة ينمي لديه الإحساس بالتبعية والاعتماد على الآخرين والاتكال عليهم في تسيير اموره الحياتية، وهذا ينجم عنه انخفاض ثقة الطفل بذاته وعدم ميله للمغامرة أو المبادرة بحيث يصبح أكثر سلبية وأكثر خجلاً عندما يتطلب الموقف منه القيام بعمل معين أو الحديث أمام الغير.

ب. الاهمال والتجاهل والنبذ: يؤدي الإهمال والتجاهل المتكرر من قبل الآباء لأبنائهم على توليد مشاعر النقص والدونية لديهم، وهذا بالتالي يجعل منهم أكثر اعتمادية على الآخرين وأكثر خجلاً واقل ميلاً للمخاطرة واتخاذ المبادرات.

ج. النقد والتهكم: يفرط بعض الآباء في توجيه اللوم والنقد لأطفالهم، كما أنهم يسخرون من سلوكاتهم ومبادراتهم في بعض المواقف. وكنتيجة لكثرة النقد والتهكم والسخرية هذه يتولد عند الأطفال الشعور بالخوف والتردد والخجل والشعور بالدونيه.

د. الافراط في استعمال العقاب والتهديد: إن لجوء بعض الآباء إلى أساليب العقاب القاسية والتهديد بإنزال العقوبات يخلق لدى الأطفال استراتيجيات سلوكيه انسحابية وينمي لديهم الشعور بالخجل كذلك.

هـ. عدم الثبات في تربية الطفل: إن تذبذب أساليب التربية المتبعة من قبل بعض الآباء في تهذيب وتنشئة أبنائهم ينعكس سلباً في أنماطهم السلوكية. فتساهل الآباء مع الأطفال في بعض المواقف والحزم الشديد معهم في مواقف أخرى والاهتمام بهم أحياناً وإهمالهم وتجاهلهم في أوقات أخرى يجعل منهم غير آمنين ومترددين، حيث يصعب عليهم التنبؤ بسلوكات والديهم نحوهم، وهذا الأمر يجعل منهم خجولين، ومثل هذا الخجل قد يمتد ليظهر في المواقف المدرسية والاجتماعية الأخرى.

2. مشاعر النقص: يتولد الخجل لدى الأفراد بسبب ما يعتريهم من مشاعر النقص والدونية بوجود بعض العاهات الجسدية لديهم مثل انتشار البثور على الوجه أو العرج أو طول الأنف أو السمنة أو النحافة أو عدم جمال الوجه. وقد تنتج مشاعر النقص لدى الأفراد بسبب مقارنة نفسه بالآخرين أو بسبب تدني المستوى الاقتصادي لأسرته. وكنتيجة لمشاعر النقص هذه يصبح الفرد شديد الحساسية بحيث يتجنب الاتصالات الاجتماعية مع الآخرين ويميل إلى الانسحاب والعزلة (http:// www.nooproblem,2005)

3. التنمذج مع أحد الوالدين: تظهر نتائج الدراسات أن الآباء الخجولين غالباً ما يكون لديهم أطفالاً خجولين، حيث يوجد هناك علاقة ارتباطية بين الخجل والنماذج الخجولة. فالآباء الخجولين في الغالب يحتفظون بأدنى حد من العلاقة الاجتماعية والتواصل مع الآخرين، ومثل هذا الجانب ينعكس في أنماط سلوكات أبنائهم الاجتماعية نظراً لتمذجهم بسلوكات والديهم (شيفر وملمان، 1999).

4. تدعيم الخجل:إن الإفراط والمبالغة من قبل الأباء والمعلمون والأقران بنعت الفرد بان خجولاً ينمي الإحساس بالخجل لديه ويعمقه على نحو يجعله يعتقد اعتقاداً

كبــيراً بأنه خجول، وهذا يترتب عليه التردد والدونية وتجنب التواصل مع الآخرين.

5. التأخر الدراسي: يؤدي الفشل في إحراز النجاح في بعض المهام الأكاديمية وتدني المستوى الدراسي للطفل مقارنة بأقرانه إلى الشعور بالدونية والإحساس بالخجل من الأقران والمعلمين والآخرين، وإذا تكرر الفشل قد ينزع الطفل بعدها، إلى الهروب من المدرسة تفادياً لمشاعر الخجل المؤلمة.

6. اضطرابات النمو والإصابة بالمرض: قد يتولد الخجل لدى الطفل كنتيجة لإصابته بأحد اضطرابات النطق والكلام أو لمعاناته من بعض الامراض الأمر الذي يدفع بالطفل إلى تجنب الاحتكاك بالآخرين وعدم الإندماج في التفاعلات الاجتماعية كمخرج للحالة التي يعاني منها (http: www.nooproblem.2005)

علاج الخجل:

يمكن تفادي اضطراب الخجل لدى الافراد والتقليل من اعراضه من خلال اتباع الاجراءات التالية:

أولاً: التدريب على المهارات الاجتماعية

ويتمثل في تنمية المهارات الاجتماعية لدى الفرد الخجول وتشجيعه على التواصل والتفاعل مع الآخرين، ويتم ذلك من خلال اتباع برنامج تدريبي وفق خطوات متسلسلة على النحو التالي:

أ. إعطاء التعليمات: وفي هذه الخطوة يوضح المرشد للفرد الخجول مهارات التواصل الاجتماعي مثل التمهيد والمبادرة بإلقاء التحية، والابتسام وهز الرأس والاتصال بالأعين والتحدث بأفكار وموضوعات تثير اهتمام الآخرين وكيفية التعليق والرد على الآخرين، وقد يلجأ المرشد هنا ليكون نموذجاً للفرد الخجول وقد يستعين بعرض نماذج جيدة تمارس مهارات التواصل الاجتماعي.

ب. لعب الدور: وهنا يطلب من الفرد الخجول بتكرار السلوك بالإضافة إلى تمثيل أدوار مختلفة كدور القائد أو المعلم، ويمكن عكس الأدوار بحيث يقوم الفرد

الخجول بلعب دور المرشد. وهكذا يستمر تكرار السلوك الاجتماعي ولعب الأدوار والنمذجة إلى ان يتم تطوير مستوى مناسب من المهارات الاجتماعية لدى الفرد الخجول.

ج. تشجيع الفرد على تقليد الأدوار المختلفة والاختيار من بين بدائل السلوك مع تقديم التغذية الراجعة الملائمة لاداءه الاجتماعي.

ثانيا: تقليل فرط الحساسية التدريجي:Desentization

ويتم في هذا الإجراء إزالة مشاعر الخجل لدى الفرد وتعليمه مهارات التواصل الاجتماعي بشكل تدريجي، حيث يتم تبديد مشاعر التوتر والحساسية من المواقف الاجتماعية عبر خطوات متسلسلة على النحو التالي (شيفر وملمان، 1999).

أ. تدريب الفرد الخجول على الاسترخاء النفسي والجسمي.

ب .تدريب الفرد على التخيل، حيث يطلب المرشد من الفرد الخجول تخيل نفسه في مواقف اجتماعية، بسيطة او تخيل مهارات اجتماعية يمكنه القيام بها مثل تخيل إلقاء التحية على المعلم أو الترحيب بأحد الأصدقاء، ومن ثم تخيل مواقف اجتماعية اكثر تعقيداً كالاشتراك في حفلة أو مباراة.

ج. تدريب الفرد على التفاعل مع مواقف شبه حقيقية: وهنا يطلب من الفرد الخجول الحديث أمام مرآة وتشجيعه على النظر إلى نفسه أثناء الحديث، أو الحديث أمام جمهور غير حقيقي من خلال استخدام قاعة خاصة يتواجد فيها مقاعد وكراسي فارغة من الناس، بحيث يطلب منه ممارسة مهارات التواصل الاجتماعي مثل إلقاء التحية والحديث عن الموضوع والاستماع إلى تعليقات الجمهور والرد عليها.

د. تدريب الفرد على التفاعل والتواصل الاجتماعي من خلال تعريضه إلى المواقف الاجتماعية الحقيقية مثل دعوة أحد الزملاء إلى المنزل أو الاشتراك في رحلة مع مجموعة من الأصدقاء أو من خلال مجموعة صغيرة كمجموعات اللعب والدراسة.

ثالثاً: التدريب على تأكيد الذات وتعزيز الثقة بالنفس Self Assertening

وهنا يتم تدريب الفرد على التعبير عن نفسه وإبداء رأيه بصراحة حول المواضيع المتعددة من حيث ميوله لها أو رفضها، وكذلك تدريبه على التغلب على مشاعر الخوف

والتردد والحرج في الرد على ملاحظات الآخرين وردود افعالهم وعدم السماح لهم باستغلاله نظراً لحاله الخجل التي يعاني منها (مديرية الصحة المدرسية، 1988).

رابعاً: استخدم اجراءات العلاج النفسي الجماعي: وتقوم فكرة هذا العلاج على تشكيل مجموعات من الافراد الذين يعانون من مشكلة نفسية مماثلة، بحيث يتفاعلون معا ويتداولون مشاعرهم ومشكلاتهم مما يعزز الشعور بالثقة لدى الافراد بانفسهم ويساعدهم بالتخلص من المشكلة التي يعانون منها. فعند اشراك الفرد الخجول في جماعة افراد خجولين، فان هذا الاجراء يمكنه من التعرف عن مشكلته ويساعده بالتالي عن التخلص منها.

خامساً: إجراءات أخرى وتتمثل في :

1. عدم مقارنة الفرد بالآخرين ولا سيما الأفراد الذين هم أفضل منه

2. توفير الرعاية والحب والعطف للفرد.

3. الابتعاد عن النقد والتهكم والسخرية من الفرد وخاصة أمام الآخرين.

4. عدم دفع الفرد إلى القيام بمهام او اعمال تفوق قدراته ومهاراته.

5. تدريبه على تحمل المسؤولية من خلال توفير فرص ملائمة لذلك.

6. تدريبه على الحوار والمناقشة مع الوالدين ثم الآخرين.

7. توفير فرص يستطيع النجاح بها ومكافئته على ذلك.

8. تشجيعه على الذهاب في نزهات إلى الحدائق العامة واشراكه في اللعب مع الآخرين.

9. تدريبه على الحديث الذاتي من خلال إجراءات العلاج العقلي الانفعالي، حيث يحاور الفرد نفسه كأن يقول "أنا خجول ماذا أفعل كي اتخلص من هذا الخجل".

يجب ان انجح، ساكون أكثر جراة في المرة القادمة...".

وحتماً فإن هذا العلاج يساعد الفرد على التخلص من الأفكار السلبية حول ذاته وإبدالها بأفكار أكثر إيجابية(http:// www.nooproblems,2005)

الاعتمادية الزائدة

من المشكلات الانفعالية والاجتماعية التي تظهر بشكل واضح لدى بعض الأطفال

الاعتمادية والإتكال على الآخرين من حيث طلب المساندة والمحبة والدعم والانتباه. ويبرز السلوك الاعتمادي في مظاهر عدة تأخذ شكل الصراخ والبكاء والتوسل ومقاطعة حديث الآخرين والطلب من الوالدين عمل أشياء بإمكان الاعتمادي القيام بها والرغبة في التواجد إلى جانب الكبار والطلب المتكرر للمساعدة والعون من الآخرين والبحث عن جذب انتباه الآخرين واهتمامهم (السفاسفة وعربيات، 2005). تعد الاعتمادية الزائدة من مظاهر عدم النضج ولا يقتصر وجودها في مرحلة الطفولة فحسب، لا بل تمتد لمرحلة المراهقة والشباب، حيث كثيراً من المراهقين والشباب يلجأون إلى والديهم أو زملائهم أو الآخرين لمساعدتهم في عمل الأشياء أو حل مشكلاتهم، وغالباً ما يمتازون بكثرة التذمر والشكوى.

يرتبط تطور سلوك الاعتمادية بعوامل التنشئة الاجتماعية وأساليب التربية، ومن العوامل التي تسهم في تطور هذا السلوك ما يلي:

1. التعزيز الأبوي: يطور الأطفال السلوك الاعتمادي كنتاج للتعزيز والتدعيم الذي يحصلون عليه من والديهم عندما يلجأون إليهم في طلب العون والمساعدة أو جلب الانتباه والاهتمام. فالأطفال يتعلمون كيف يؤثرون على والديهم من خلال ممارسة أنماط سلوكية طفولية مثل التعلق بالوالدين أو استعطافهم أو الاحتماء بهم. كما نجد أن بعض الآباء لا يرغبون في ان يروا أبناءهم كباراً فيتعاملون معهم على انهم لا زالوا صغاراً لذلك نجدهم يوفرون لهم كل عوامل الدعم والمساعدة والحب والرعاية، ومثل هذه الممارسات الأبوية تعزز السلوكات غير الناضجة لدى أبناءهم وتجعل منهم أكثر اعتماداً على الآخرين.

2. الشعور بالذنب: هناك بعض الآباء يعانون من مشاعر الذنب اللاشعورية بسبب عدم اهتمامهم الكافي بأولادهم أو بسبب غيابهم عن المنزل لفترة من الزمن أو بسبب مرض أبنائهم أو وجود اعاقة لديهم، مما يدفعهم إلى الاستسلام إلى الأبناء والإستجابة لمطالبهم كنوع من التعويض، وهذا بالتالي يجعل من الأبناء اعتماديون (شيفر وملمان، 1999).

3. تساهل الوالدين: يخشى بعض الآباء من فقدان حب وثقة أبنائهم إذا ما عاملوهم بشدة وقسوة، لذلك يلجأ هؤلاء إلى الاستجابة إلى مطالب أبنائهم عندما يبكون أو يصرخون وحتى وإن لم تكن هذه الطلبات منطقية. إن استجابة الآباء لمطالب أبناءهم عندما يبكون أو يصرون على شيء ما يعد بمثابة تعزيز وتدعيم لمثل هذا السلوك، بحيث يتمادى الأبناء لاحقاً في استغلال الآباء للحصول على ما يريدون من خلال البكاء والنحيب والصراخ أو من خلال كثره التذمر والشكوى.

4. الرغبة في الحصول على السلطة ولفت انتباه الآخرين: يمارس بعض الأطفال أنماط السلوك الاعتمادي مثل البكاء والصراخ كوسيلة لجذب انتباه الآباء والحد من سيطرتهم عليهم، وهم بهذا الإجراء يسعون إلى اكتساب بعض القوة لتعزيز مواقفهم اتجاه والديهم.

5. التمركز حول الذات: يمتاز الفرد المتمركز حول ذاته بالنرجسية (عشق الذات) والأنانية، فهو يقيم الآخرين في ضوء مدى الاستفادة منهم ومدى استجابتهم لمطالبه. ومن هنا فإن المتمركز حول الذات يعتقد بأن على الآخرين ضرورة الاستجابة لمطالبه، وهذا مما يعزز السلوك الاعتمادي لديه.

6. الشعور بالحرمان: عندما يشعر الفرد بالحرمان والإهمال غالباً يعاني من حالة حسد دائم اتجاه الامتيازات والمكاسب التي يحققها الآخرون. لذلك يتمنى هذا الفرد بالحصول على مثل هذه المكاسب والامتيازات، فيلجأ إلى أساليب اعتمادية مثل التذمر والشكوى والبكاء وعدم القدرة على تحمل الإحباط في سبيل لفت انتباه واهتمام الوالدين والآخرين المحيطين به.

علاج الاعتمادية الزائدة:

يمكن علاج سلوك الاعتمادية الزائدة من خلال الإجراءات التالية:

أولاً: الحزم في التعامل مع الأبناء:

ويتمثل ذلك في تجاهل الطفل وعدم الاهتمام أو الانتباه إلى طلباته عندما تكون غير مقبولة أو غير معقولة. وهذا يتطلب عدم التراجع والاستسلام لمحاولات الطفل المتكررة كالتوسل والبكاء والصراخ والتذكر والشكوى. والحزم في التعامل يقتضي الإصرار على الطفل الالتزام ببعض انماط السلوك مثل الالتزام بموعد النوم واللعب ومشاهدة التلفزيون والطعام من خلال تقييده بقوانين وقواعد ثابتة ومنتظمة.

ثانياً: التجاهل

عند إصرار الطفل على استخدام السلوك الاعتمادي بالرغم من التوضيح له ان مثل هذا السلوك سيء وغير مناسب وبيان له ما هو السلوك البديل، يفترض بالآباء إهمال وتجاهل الطفل وعدم الانتباه له عندما يمارس مظاهر السلوك الاعتمادي، فالتجاهل المنتظم والثابت يعمل تدريجياً على إزالة مظاهر السلوك الاعتمادي لدى الطفل.

ثالثاً: التصحيح:

يجب على الآباء تصحيح السلوك الاعتمادي لدى الأطفال بطريقة ودية وبأسلوب هادئ بعيداً عن العصبية والغضب والتهديد. ويتمثل التصحيح في التأكيد على الطفل ضرورة الابتعاد عن السلوكات غير الناضجة وتذكيره بمدى الارتياح والسعادة التي يحققها عندما يسلك كالكبار والتوضيح له مساوئ السلوكات غير المرغوبة وعدم قبولها من الآخرين.

رابعاً: استخدام نظام تعزيز مناسب:

وفي هذا الإجراء يتم تحديد السلوكات غير المرغوبة المراد تعديلها أو إزالتها بالإضافة الى تحديد أنماط السلوك المراد تشكيلها لدى الفرد. ويتم إتباع نظام معين من التعزيز والمكافئات مثل المعززات المادية والاجتماعية، بحيث يتم وفق هذا البرنامج تعزيز الفرد على السلوك المرغوب فيه وعدم تعزيزه وتجاهله على السلوكات غير المرغوب فيها. فعلى سبيل المثال، قد يتبع الآباء نظام النقاط بحيث يعطي الطفل نقطة في كل مرة يسلك فيها بالسلوك المرغوب فيه، وبعد حصوله على عدد من النقاط يقوم باستبدالها بمعززات مادية مثل الألعاب والهدايا والحلوى، أو يستخدم الإطراء والثناء والمديح. وقد يلجأ الآباء إلى استخدام نظام العقود كالسماح للطفل باللعب أو مشاهدة التلفزيون عندما يتصرف بطريقة ناجحة (أبو حميدان، 2002).

خامساً: استخدام العقوبات

عندما يتكرر استخدام مظاهر السلوك الاعتمادي عند الطفل ويصر عليها، يمكن استخدام بعض الإجراءات العقابية لإزالة مثل هذه المظاهر والتقليل منها وذلك من خلال اتباع إجراءات العقاب السلبي، ويتمثل في حرمان الطفل من بعض الامتيازات التعزيزية لقاء سلوكاته غير المرغوب فيها أو استخدام العزل بإرساله إلى غرفة أخرى لبضع دقائق (شيفر وملمان، 1999).

سادساً: اجراءات أخرى وتتمثل في:

1. إعطاء الطفل مزيداً من الحرية والاستقلالية من حيث تشجيعه على القيام ببعض الأعمال التي يمكنه القيام بها وتشجيعه على تحمل المسؤولية.

153

2. تشجيع الطفل على اتخاذ القرارات والاختيار من بين البدائل المتاحة مثل اختيار الألعاب أو الملابس.

3. توفير قدر معقول من الدعم والحب والرعاية والحنان للأطفال وعدم الإفراط في الدلال من حيث إعطاءهم أشياء لا يحتاجونها أو القيام نيابة عنهم بأعمال يستطيعون القيام بها.

الانسحاب الاجتماعي:Social Withdrawn

يعد الانسحاب الاجتماعي أحد مظاهر القلق لاجتماعي الذي يسود لدى شريحة واسعة من الأفراد في المستويات العمرية المختلفة. ويعرف مثل هذا الاضطراب بأوصاف أخرى مثل العزلة الاجتماعية والانطواء (الإنكفاء) على الذات والانسحاب الناتج عن القلق (يحيى،2003).

يتجلى الانسحاب الاجتماعي في جملة من المظاهر السلوكية تتمثل في الأعراض التالية:

1. تجنب التفاعلات الاجتماعية والمشاركة فيها.
2. الاخفاق في عمليات التواصل الاجتماعي وتكوين العلاقات والصداقات
3. الميل إلى العزلة والابتعاد عن الآخرين.
4. الشعور بعدم الارتياح وفقدان الاحساس بالسعادة والأمن.
5. التمركز حول الذات وعدم الاتزان الانفعالي.
6. الخجل والأحجام عن اتخاذ المبادرات.
7. المعاناة من مشاعر القلق والاكتئاب والخوف ....
8. حب الروتين ومقاومة التغيير.
9. عدم وعي الذات والشعور بالدونية وسهولة الانقياد للآخرين.
10. قد يترافق باضطرابات سلوكية أخرى مثل مص الإصبع وقضم الأظافر واضطراب في النطق كالتلعثم.

هذا وتعد ظاهرة الانسحاب الاجتماعي من الاضطرابات الانفعالية الاجتماعية

الخطيرة نظراً لأنها تعيق الأداء الوظيفي للفرد على المستويين النفسي والاجتماعي وتبرز آثارها في المجالات التالية (Hughes,1988):

1. إعاقة النمو الاجتماعي لدى الفرد وحرمانه من تطوير المهارات الاجتماعية في التواصل والتفاعل بالإضافة إلى إعاقة تطور مهارات الإدراك الاجتماعي والمحاكمة العقلية الاجتماعية.

2. تطوير اضطرابات نفسية لدى الفرد مثل الاكتئاب والانطواء (الانغلاق النفسي) والقلق.

3. إعاقة الأداء الأكاديمي وتدني المستوى التحصيلي بصفة خاصة والمستوى الانتاجي بصفة عامة لدى الفرد.

أسباب الانسحاب الاجتماعي

تتمثل العوامل التي تؤدي إلى حدوث ظاهرة الانسحاب الاجتماعي بما يلي:

1. العوامل العضوية والفسيولوجية مثل وجود تلف أو خلل في الجهاز العصبي المركزي أو اضطراب في إفراز الهرمونات الغدية مثل إفرازات الأدرينالين والثيروكسين.

2. أساليب التنشئة الاجتماعية الخاطئة مثل الإفراط في النقد والتجريح والسخرية وكثرة التهديد والعقاب البدني بالإضافة على عدم احترام الطفل وتجاهله ومقارنته بأخوانه وأقرانه.

3. عدم الثبات والانتظام في التعامل مع الطفل والتذبذب في ذلك، مثل الازدواجية في المعاملة كإلحاق الأذى والعقاب بالطفل في بعض المواقف على بعض الأنماط السلوكية والتسامح وتعزيزه على هذه الأنماط في مواقف أخرى. كما أن عدم الانسجام والاتفاق بين الأب والأم في اعتماد أساليب موحدة في التعامل مع الطفل يدفع به إلى تنمية سلوك الانسحاب الاجتماعي .

4. الخجل: يعد الخجل من أكثر الأسباب التي تؤدي إلى الانسحاب الاجتماعي وذلك لأن الخجل يعيق الفرد من الاندماج في التفاعلات الاجتماعية والتعبير عن ذاته وآرائه بصوت عالي.

5. رفض الآباء لأبنائهم: إن رفض الآباء المقصود أو غير المقصود لأبناءهم يخلق لديهم الشعور بالدونية وتدني مفهوم الذات والاستغراق في أحلام اليقظة والميل إلى العزلة والانسحاب

6. معاناة أحد الوالدين من الاضطرابات السلوكية: قد يرتبط وجود الانسحاب الاجتماعي لدى الأطفال بسبب معاناة أحد والديهم من الاضطرابات الانفعالية والسلوكية. ففي هذا الصدد أظهرت نتائج الدراسات احتمالية تعرض الأطفال للإصابة بالإضطرابات الانفعالية إذا كان أحد والديهم يعاني من بعض الاضطرابات الانفعالية والسلوكية.

7. خبرات الطفولة السابقة المؤلمة والخوف من الآخرين قد تكون إحدى العوامل الدافعة لتطوير سلوك الانسحاب الاجتماعي لدى بعض الأفراد

8. المعاناة من بعض الإعاقات الحركية أو الحسية أو المعاناة من بعض اضطرابات النطق تؤدي بالطفل إلى العزلة والانسحاب.

علاج الانسحاب الاجتماعي:

من الأساليب والإجراءات الملائمة لعلاج ظاهرة الانسحاب الاجتماعي ما يلي:

أولاً: العلاج السلوكي: Behavioral Treatment

تقوم فكرة العلاج السلوكي على إزالة السلوك غير المرغوب والاستعاضة عنه بسلوك آخر اكثر قبولاً اجتماعياً من خلال توظيف برامج تعديل السلوك المناسبة (أبو حميدان، 2003).

ولإزالة سلوك الانسحاب الاجتماعي يمكن استخدام إجراءات تشكيل السلوك وفيها يتم تحديد السلوك المستهدف تشكيله لدى الفرد واختيار المعززات المناسبة وتقديمها بشكل مستمر لهذا السلوك ريثما يصل إلى المستوى المطلوب، ومن ثم يتم الانتقال تدريجياً إلى مهارة أخرى من مهارات السلوك الاجتماعي لتعليمها للفرد.

بالإضافة الى جداول التعزيز، يمكن استخدام النمذجة لتعليم الطفل أنماط السلوك الاجتماعي وتنمية المهارات الاجتماعية لديه وذلك من خلال عرض نماذج محببة وجاذبة

تمارس مهارات التفاعل الاجتماعي، والطلب من الطفل تقليد سلوك هذه النماذج وتعزيزه على ذلك سواءاً من خلال إجراءات التعزيز الإيجابي أو السلبي.

ومن الاجراءات السلوكية الأخرى في علاج الانسحاب الاجتماعي هو استخدام المثيرات التحفيزية(Prompts) وتتمثل في الاستعانة بعدد من المثيرات القبلية (التمييزيه) التي تشجع الفرد على السلوك الاجتماعي المناسب، مع العمل على إزالة مثل هذه المثيرات تدريجياً مع التقدم بالبرنامج العلاجي، وذلك من أجل أن يصبح الفرد قادراً على أداء السلوك الاجتماعي بشكل مستقل دون الحاجة لوجود مثل هذه المثيرات (يحيى،2003).

وبالإضافة لما سبق يمكن استخدام مبدأ إزالة فرط الحساسية التدريجي في علاج الانسحاب الاجتماعي ويتمثل في تقليل حساسية الفرد المفرطة وقلقه الشديد من المواقف الاجتماعية تدريجياً بحيث يتم تدريبه على تخيل التفاعل في مواقف اجتماعية افتراضية والانتقال تدريجياً إلى تعريضه إلى مواقف اجتماعية حقيقية.

ثانيا: العلاج الاجتماعي Social Treatment

ويتمثل في تنمية المهارات الاجتماعية لدى الطفل من خلال الإجراءات التالية:

أ. استخدام التعليمات والحث والتشجيع على التنمذج مع الآخرين ولعب الأدوار وتقديم التغذية الراجعة المناسبة.

ب. الاستعانة بالرفاق ممن تتوفر لديهم مهارات التفاعل الاجتماعية وتدريبهم على كيفية التعامل مع الأطفال المنسحبين، وذلك من أجل مساعدتهم على التفاعل والتكيف (الخطيب، 1993)

ج. التشجيع على المشاركة في الأنشطة الاجتماعية والترفيهية والرياضية والفنية (Scrignar,1983). بالإضافة إلى تشجيع الطفل على المشاركة في جماعات اللعب والدراسة والانتماء إلى الفرق والنوادي والجمعيات.

د. تعزيز الثقة بالنفس من خلال توفير فرص للطفل يحقق فيها النجاح وتقديم الدعم له وتشجيعه على ممارسة الهوايات والألعاب والرسم والموسيقى، بالإضافة إلى تعزيز قدرته على اتخاذ القرارات والمغامرة (شيفر وملمان،1999).

ثالثاً: العلاج البيئي Ecological Treatment

ويتم من خلال إعادة تنظيم عناصر البيئة ومكوناتها على صعيد الأسرة والمدرسة وذلك من أجل زيادة احتمالية حدوث السلوك الاجتماعي المناسب لدى الفرد. ويتضمن إعداد البيئة التقليل من أو إزالة المثيرات الضاغطة التي تعيق الفرد من تطوير المهارات الاجتماعية وتؤدي به إلى سلوك الانسحاب. ويتطلب العلاج البيئي تفاعل أولياء الأمور والمعلمون والأقران وأخصائي التربية الخاصة والمرشدين النفسيين للمساهمة معاً في إعداد بيئة مناسبة تشجع الطفل على التفاعل الاجتماعي وتطوير المهارات الاجتماعية المناسبة لديه.

السرقة Stealing

تعد السرقة من المشكلات الاجتماعية، وهي أحد أنماط السلوك المضادة للمجتمع (Antisocial Behavior) ومثل هذه المشكلة لا ترتبط في مرحلة عمرية معينة من مراحل العمر، فقد تسود في كل المراحل العمرية مع اختلاف في دوافعها وأشكالها وأساليب تنفيذها، وقد تظهر خلال مرحلة الطفولة المبكرة، أي بين السنة الرابعة والثامنة من العمر وتتطور لتصبح جنوحاً ما بين السنة العاشرة والثانية عشر، وقد تستمر خلال مرحلة المراهقة والمراحل اللاحقة لتصبح عادة سلوكية لدى الفرد. وتشير الاحصائيات في الولايات المتحدة الأمريكية إلى أنه ما يقارب من (25.000) طفل سنوياً يرسلون إلى الإصلاحيات ودور الجنوح بسبب السرقة (شيفر وملمان،1999).

تعد السرقة من أنماط السلوك المتعلمة، اذ تكون في البداية نوع من الاضطراب السلوكي وتتطور لتصبح جنوحاً أو عادة بسبب العوامل البيئية التي تعزز مثل هذا السلوك، وتتمثل السرقة في نزعة الفرد إلى الاستحواذ على أشياء وممتلكات الآخرين بدون وجه حق من خلال استغفالهم وتضليلهم. هذا وتختلف دلالات السرقة باختلاف المرحلة العمرية التي يمر فيها الفرد. ففي المراحل العمرية المبكرة قد يسرق الطفل لعب الآخرين بسبب عدم إدراكه لمفهوم الملكية أو مفهوم السرقة أو بسبب التمركز حول الذات. وفي مراحل أخرى قد يقف السبب وراء السرقة في إشباع دوافع الحرمان أو العدوان أو الحاجة أو إشباع دوافع أخرى لدى الفرد كحب التملك أو نتيجة معاناة الفرد من بعض الاضطرابات النفسية.

أنواع السرقات و دلالاتها:

هناك أنواعاً مختلفة من السرقات لكل منها دلالاتها واسبابها الخاصة ومنها (السفاسفة وعربيات،2005):

1. السرقة الذكية مقابل السرقة الغبية: تمتاز السرقة الذكية بصعوبة اكتشافها أو اكتشاف الشخص السارق، في حين يسهل اكتشاف السارق في حالة السرقة الغبية، وسواء كانت ذكية أو غبية فقد يكون السبب وراء هذه السرقات دوافع الحاجة أو حب التملك والاستحواذ.

2. السرقة الفردية مقابل السرقة الجماعية: تتم السرقة الفردية عادة من قبل فرد واحد بدافع مثل حب التملك أو إيذاء الآخرين أو الحاجة، في حين تتم السرقة الجماعية من قبل جماعات أو عصابات، ومثل هذا النوع من السرقات تتحدد فيه الأدوار الخاصة بكل فرد من أفراد الجماعة أو العصابة، وهي تشكل مصدر تهديد للأفراد والمجتمعات.

3. السرقة العرضية مقابل السرقة المعتادة: في السرقة العرضية قد يسرق الفرد بسبب دوافع الإغراء أو التهديد أو التحريض، وفي الغالب قد لا يتكرر مثل هذا السلوك لدى الفرد مستقبلاً، أما السرقة المعتادة فهي تتكرر لدى الفرد باستمرار بحيث يصعب على الفرد التراجع عنها.

4. السرقة للحاجة مقابل السرقة من أجل المباهاة: قد يضطر الفرد أحياناً إلى السرقة بسبب عوامل الحاجة أو الحرمان، ومثل هذه السرقة تعرف بالسرقة من أجل الحاجة، في حين يلجا بعض الأفراد إلى السرقة من أجل المباهاة والتفاخر من أجل تعزيز مفهوم الذات لديهم أمام الآخرين، وفي مثل هذا النوع من السرقة قد لايكون الفرد محتاجاً للمسروقات، وإنما يسرق فقط بدافع التباهي والتفاخر وحب الظهور.

أسباب السرقة

هناك عدد من العوامل والاسباب التي تدفع بالافراد الى ممارسة سلوك السرقة بحيث يمكن اجمالها على النحو التالي:

أولاً: الأساليب التربوية الخاطئة في التعامل مع الأبناء مثل التدليل الزائد للطفل وعدم تدريب الطفل على التفريق بين ملكيته وملكية الآخرين واحترام خصوصياتهم، بالإضافة إلى الاساليب التي تمتاز بالقسوة والعقاب والحرمان الشديد.

ثانياً: البيئة الخارجية: حيث يتعلم الفرد السرقة بالتنمذج مع الآخرين ولا سيما إذا كان يعيش وسط بيئة اجتماعية تمارس السرقة أو تعزز مثل هذا السلوك.

ثالثاً: التدعيم الأبوي والأسري: هناك بعض الأهل يشعرون بالسعادة عندما يقوم أبناءهم بالسرقة بحيث يعززونهم على مثل هذا السلوك وقد يدفعون بالأبناء الآخرين إلى ممارسة مثل هذا السلوك. كما أن هناك بعض الأهل يتساهلون مع الأبناء ولا يسألونهم من أين حصلوا على بعض الأشياء مما ينمي سلوك السرقة لديهم (السفاسفة عربيات،2005).

رابعا: ممارسة سلوك السرقة من قبل أحد الوالدين أو احد أفراد الأسرة، بحيث يكتسب الطفل هذا السلوك كنتاج لملاحظة سلوك الكبار والتنمذج مع هذا السلوك.

خامسا:العوامل الداخلية الخاصة بالفرد مثل الشعور بالنقص والدونية والعدوانية، بحيث ينزع بعض الأفراد إلى السرقة بدافع المباهاة والتعويض واثبات الذات أمام الآخرين أو بسبب تحقيق المتعة والتمرد على السلطة. كما أن البعض قد يلجأ إلى السرقة بدوافع الغيرة من الآخرين بحيث يجد في سلوك السرقة وسيلة لإيذائهم والانتقام منهم (عبد المعطي، 2001).

سادساً: الحرمان الشديد والحاجة الملحة: قد يسرق أبناء الطبقات الفقيرة والمتوسطة بسبب تدني المستوى الاقتصادي وعدم قدرة الأسرة على تلبية حاجات الأبناء.

سابعاً: مشاهدة وسائل الإعلام ولا سيما الأفلام التي تعرض في دور السينما والتلفزيون، حيث يتعلم بعض الأفراد سلوك السرقة واساليب تنفيذها نتيجة لمشاهدة مثل تلك الافلام، وتزداد احتمالية التأثر بمثل هذه الأفلام إذا كان إبطالها نماذجاً جذابة ومحببة للأفراد.

ثامناً: قد يلجا بعض الأفراد إلى السرقة بسبب صراعات نفسية مكبوتة أو بسبب عوامل الإحباط المتكرر حيث يجد في هذا السلوك المتعة والتنفيس لمثل هذه الصراعات (شيفر وملمان،1999).

الأساليب الإرشادية والعلاجية

من أجل علاج سلوك السرقة أو الحد والتقليل منه لدى الافراد، يمكن اللجوء الى الاجراءات التالية:

1. تصحيح السلوك: عند قيام الطفل بالسرقة يجب على الوالدين معالجة الأمر بروية وبتأني وتعليم الطفل السلوك الصحيح بدون غضب او عنف أو تهديد، فمثلاً عندما يسرق الطفل شيئا ما من طفل آخر على الوالدين جعل الطفل يُعيد ما أخذه إلى مالكه والاعتذار له عن ذلك. وفي حال استهلاك الطفل للشيء المسروق يجب على الأهل دفع ثمنه لصاحبه، او جعل الطفل يدفع ثمنه من مصروفه الخاص.

2. مواجهة الوضع: على الآباء مواجهة هذا السلوك لدى أبنائهم وعدم التغاضي عنه، إذ يتطلب منهم الحزم والجدية في التعامل مع هذا السلوك من خلال الوقوف على معرفة الأسباب التي دفعت بالأبناء إلى السرقة بطريقة ودية وسهلة بدون أي تعقيد حتى لا ينعكس ذلك سلباً على نفسية الطفل مستقبلاً. وعلى الآباء اتباع أسلوب الحوار والاقناع مع أبناءهم، كأن يقول الوالد لأبنه مثلاً ماذا تشعر لو ان شخصاً سرق لعبتك؟ هل تحب أن يسرق شخصاً ما نقودك؟ لا أدري لقد فقدت بعض النقود فإذا كنت قد أخذتها بسبب حاجتك لها، سأكون فخوراً بك إذا أبلغتني بذلك؟

3. تفهم السلوك: عندما يسرق الأبناء يجب على الآباء عدم التمادي في العقاب أو توجيه اللوم أو المبالغة بنعت الأبناء باللصوص أو السارقين. وعلى العكس من ذلك يجب إشعارهم بأنهم متفهمون لهذا السلوك وبأنهم متأكدون أنهم يدركون مساوئ هذا السلوك، وبأنهم سوف لن يكررونه مستقبلا. وعلى الآباء هنا تعليم أبنائهم ان أخذ أشياء الآخرين ليس أسلوباً لحل مشكلاتهم، فإذا كانوا بحاجة لشيء ما، عليهم اللجوء إليهم لمساعدتهم في الحصول عليه دون الحاجة إلى إيذاء الآخرين وسلب ممتلكاتهم.

4. إجراءات أخرى وتتمثل في:

أ. تنمية القيم الاخلاقية والدينية لدى الأبناء

ب. إشباع حاجات الطفل قدر المستطاع وتوفير مصروف ثابت للطفل مع توفير الألعاب والوسائل الترفيهية.

ج. تزويد الطفل بالحب والحنان والرعاية ومساعدته على إنشاء علاقات ودية مع الآخرين وتعزيز ثقته بالنفس

د. تدريب الطفل على احترام ملكية الآخرين وعدم الاعتداء عليها

هـ عدم ترك الأشياء ولا سيما المغرية منها أمام أنظار الطفل حتى لا تشجعه على السرقة.

و. توفير النماذج الجيدة، إذ يجب أن يكون الآباء نماذجاً صالحة لأبنائهم.

ز. المتابعة والمراقبة، إذا يجب على الآباء مراقبة سلوكات أبنائهم ومتابعتهم و أبعادهم عن رفاق السوء.

ح. مساعدة الأبناء من خلال الحوار على التعبير عن أنفسهم وإظهار المشاعر والدوافع المكبوتة ومساعدتهم على حل مشكلاتهم.

ط. استخدام التعزيز بأنواعه وأشكاله المختلفة للأبناء على السلوكات المرغوبة. فعندما لا يسرق الطفل يمكن للأب تعزيزه بمكافئات مادية او اصطحابه إلى رحلة أو نزهة مميزة أو إعطاءه بعض النقود.

ي. سرد بعض القصص للاطفال التي تبين مساوئ السرقة وما آل السارقين دون الإشارة مباشرة إلى الطفل بأنه منهم.

الاكتئاب:Depression

يعد الاكتئاب من الاضطرابات الانفعالية البالغة الخطورة، فهو انفعال مركب يتضمن الشعور بالحزن والكآبة ويترافق بانخفاض في مستوى النشاط والنزعة الى ايذاء الذات. تشير الدلائل العلمية الى ان الاكتئاب قد يتطور لدى الاطفال في المراحل العمرية المبكرة وقد يستمر ويتعمق في مرحلة المراهقة والشباب، وتظهر نتائج الدراسات ان تقريباً 3% من الاطفال و 8% من المراهقين في الولايات المتحدة الامريكية يعانون من هذا الاضطراب. ويقدر عدد الاطفال المصابين بهذا الاضطراب ما بين 3 الى 6 مليون طفل (Corabell, 2005). تتشابه اعراض الاكتئاب عند الاطفال مع تلك التي تظهر لدى البالغين، وتتمثل هذه الاعراض بالحزن والكآبة والتعب والعجز والكسل والشعور بالاحباط وتدني احترام الذات وزيادة الحساسية وفقدان الامل والتشاؤم وفقدان الشهية والشكوى من الالام الجسمية وتوهم المرض وصعوبة التركيز والانسحاب الاجتماعي والهروب وتأنيب الذات والميل الى التخلص من الحياة أو الانتحار.

بالاضافة الى الاعراض السابقة، يرى بعض المختصين ان اضطراب الاكتئاب لدى الاطفال قد يرتبط بانواعاً اخرى من الاضطرابات مثل التبول على الفراش وثورات الغضب والاعياء والنشاط الزائد والفشل الاكاديمي والجنوح (شيفر وملمان، 1999).

اشكال الاكتئاب عند الاطفال: Types of Depression

تتباين اشكال الاكتئاب لدى الاطفال باختلاف اعراضها واسبابها لتشمل الانواع التالية:

أولاً: الاكتئاب غير المزمن: ومثل هذا النوع يظهر بشكل مفاجئ نتيجة حادثة مؤلمة أو فقدان شخص عزيز ويمتاز هـذا النوع بشدة اعراضه.

ثانيا: الاكتئاب المزمن: ينشأ هذا النوع بسبب توترات او صراعات داخلية لدى الطفل أو بسبب وجود الاستعدادات الوراثية لديه. ومثل هذا النوع قد لا يرتبط بحادثه معينة، الا ان الحوادث غير السارة ربما تعمل على تفاقمه وزيادة شدته لدى الفرد، واعراض هذا الاكتئاب تظهر بشكل متكرر وقد تستمر طوال حياة الفرد.

ثالثا: الاكتئاب المقنع: في مثل هذا النوع لا تظهر الاعراض المعروفة للاكتئاب وانما تبرز اعراض اخرى مثل كثرة الحركة والعبث بالاشياء والعدوانية.

اسباب الاكتئاب عند الاطفال:

قد ينشأ الاكتئاب لدى الاطفال نتيجة احد الاسباب التالية:

1. وقوع حادثة مؤلمة: مثل فقدان شخص عزيز أو خسارة شيء محبب. فالاكتئاب قد يتطور لدي الطفل كنتيجة لموت أحد والديه او فقدان احدهما بسبب الطلاق أو السفر أو نتيجة لموت احد الاشخاص المحببين لديه مثل الجد، او الجدة أو أحد الاشقاء. ومن الحوادث المؤلمة الاخرى التي قد تسبب الاكتئاب لدى الطفل هو موت او فقدان شيء عزيز مثل طائر او حيوان أو خسارة احدى العابه (الحسين، 2002).

2. العامل الوراثي: تشير الدلائل العلمية الى وجود استعداد وراثي لدى البعض للاصابة باضطراب الاكتئاب . فمعاناة احد الوالدين بالاكتئاب قد يعمل على نقل

الاستعداد لدى الابناء للاصابة بالاكتئاب، حيث تظهر نتائج الدراسات ان ما بين 58%-50 من الاطفال الذين يعانون من الاكتئاب لهم اباء مكتئبون (الحسين، 2002؛ شيفروملمان، 1999).

3 الاساليب التربوية غير المناسبة التي تقوم على توجيه اللوم والنقد والاهمال والتجاهل والحرمان والتهديد وتأنيب الطفل والتقليل من قيمة الطفل أمام الاخرين ومقارنته بالغير كلها من العوامل التي تساعد في تطور الاكتئاب لدى الاطفال في المراحل العمرية المبكرة.

4. عوامل التفكك الاسري: مثل حالات الطلاق واهمال الاب لشؤون البيت وكثرة الشجار بين الزوجين والشجار بين افراد الاسرة، وكثرة خروج الاب والام من المنزل وترك ابناءهم لوحدهم، كلهامن العوامل التي تنعكس سلباً في نفسية الاطفال، وتنمي لديهم المشاعر السلبية والتي ربما تتطور لتصبح مشاعر اكتئابيه.

5 الشعور بالذنب: ان اعتقاد الطفل بانه فاسد وسيء يستحق العقاب بسبب كثرة الفشل وعدم النجاح في انجاز المهمات أو لاعتقاده بانه السبب في حادثة مؤلمة أو موت شخص معين، وكذلك الاعتقاد بانه عديم النفع لا فائدة منه يسهم الى درجة كبيرة في اصابته بمشاعر الاكتئاب. ومثل هذا النوع من الاكتئاب قد تشتد اعراضه وتتطور لدى الفرد لتأخذ شكل الرغبة في ايذاء الذات او الاقدام على الانتحار بدافع عقاب الذات أو التخلص من الحياة.

6. الاسباب الجسمية والفسيولوجية: من العوامل التي تؤدي الى الاكتئاب لدى الاطفال هو الاصابات الجسمية ووجود بعض العاهات والاعاقات والتشوهات لديهم. كما ان الاصابة ببعض الامراض واضطراب الهرمونات والخلل في افراز الغدة الدرقية وعدم انتظام كمية السكر في الدم، هي كذلك من العوامل التي تؤدي الى الاصابة بالاكتئاب (الحسين، 2002).

7. عدم الانتباه للطفل والاهتمام به أو الاستماع اليه: ان عدم اصغاء الوالدين للطفل وتشجيعه على التنفيس عن مكنوناته الداخلية والتعبير عن صراعاته ومشكلاته ودوافعه يؤدي بالطفل الى اللجوء الى الصمت وكبت مشاعره، الامر الذي يتطور ليأخذ شكل الاكتئاب نتيجة لشعوره بالعجز وعدم القدرة.

8. جذب انتباه الاخرين واهتمامهم: يلجأ بعض الاطفال الى الحزن والانطواء كوسيلة للحصول على حب الاخرين وعطفهم، ومثل هذا السلوك يتعمق ويتكرر لديهم اذا نجحوا من خلاله في الحصول على انتباه واهتمام الاخرين.

الاساليب الارشادية والعلاجية

يمكن التخفيف من مشاعر الاكتئاب لدى الاطفال ومساعدتهم على تحقيق النمو النفسي السليم والتكيف من خلال الاساليب والاجراءات التالية:

أولاً: حماية الطفل من الوقوع فريسة للحزن والعجز من خلال توفير الانشطة التي تثير البهجة والمتعة والسرور كأشراكهم في جماعات اللعب والرحلات، بالاضافة الى توفير فرص النجاح للطفل عن طريق اشراكه في بعض الانشطة او تكليفه ببعض المهمات التي يستطيع النجاح بها من أجل تعزيز مفهوم الذات وتنمية الشعور لديه بالقدرة على الانجاز والنجاح.

ثانيا: التركيز على نقاط القوة لدى الطفل وتجنب الحديث عن مظاهر العجز لديه. ان ابراز ايجابيات الطفل وتأكيد نقاط القوة في شخصيته من شأنه ان يزيد من دافعية الطفل على الاقبال على الحياة والتخلص تدريجياً من مشاعر الحزن واليأس. ومن خلال جو يسوده الدفء والتقبل، يمكن مناقشة نقاط الضعف والعجز في شخصية الطفل ومساعدته على التخلص منها.

3. تقبل الطفل والاستماع اليه:ان الاستماع الى الطفل واحترامه يحفزه على التعبير عن مشكلاته والتنفيس عن مشاعر الغضب التي يعاني منها، حيث يرى في احترام الكبار اليه باعثاً على الوثوق بهم والاستماع الى نصحهم وارشادهم. كما ان مناقشة بعض المشاكل والحوادث مع الاطفال تزيد من فهمهم لها وبالتالي ادراك الواقع على نحو صحيح، وهذا بالتالي من شأنه ان يخفف من مشاعر الضيق والذنب لديهم (شيفروملمان، 1999).

4. في حالة الاطفال صغار العمر الذين يصعب التواصل معهم بسبب عدم اكتمال النضج لديهم، عندها يجب التعامل مع والديهم بحيث يتم مناقشة الوالدين في ظروف الطفل وتقديم الارشادات والنصائح لهم في كيفيةالتعامل معه. وقد يتطلب الامر في بعض الحالات اجراء العلاج العائلي ليشمل الاباء والاخوة والاخوات.

165

5. تنمية مشاعر التفاؤل لدى الطفل والبعد عن الندم والتشاؤم ويتحقق ذلك من خلال اظهار الاباء لمشاعر الفرح وحب الاقبال على الحياة بحيث يشكلون نماذج صالحة للطفل. ويجدر بالآباء عدم الافراط في اظهار مشاعر الحزن والندم واليأس امام ابناءهم عندما يواجهون بعض المشكلات او الازمات والحوادث. كما يمكن للاباء تعريض الطفل الى نماذج محببة أو مشاهدة افلاماً وبرامجاً تبعث على البهجة والمتعة والسرور.

6. تشجيع الحديث مع النفس ومراقبة الذات وتنمية مهارات الطفل على التعرف على المشاعر السلبية لديه، وان الانسياق وراء مثل هذه المشاعر سوف يقوده الى الأسوء .

فعلى الطفل أن يدرك أن بعض الأمور ربما لا تسير على ما يرام إلا أنها قابلة للتغيير، وأن هناك من يساعده على تجاوز ذلك. إن الحديث مع الذات يساعد الطفل على مراقبة أفكاره وتغيير السلبية منها بأفكار أكثر إيجابية مما يساعده بالتالي على السلوك بشكل أفضل.

7. استخدام المكافئات بأشكالها المختلفة لتعزيز السلوكات الإيجابية لدى الطفل وذلك من اجل تنمية الشعور لديه بضرورة تكرار مثل هذه السلوكات والمماثلة لها. فاستخدام المعززات والجوائز يعمل على تعميق إدراك الطفل بمدى أهمية السلوك السليم وعدم جدوى المشاعر الاكتئابية أو الأفكار التي يتمسك بها، بحيث يسعى تدريجياً إلى التخلص منها.

8. العلاج الطبي يتم اللجوء عادة إلى استخدام بعض الأدوات والعقاقير الطبية الخاصة وتحت الإشراف الطبي في حال فشل الإجراءات العلاجية التربوية والسلوكية سابقة الذكر. تشير الأدلة إلى فعالية العلاج الدوائي (العقاقير) في علاج بعض حالات الاكتئاب لدى الأطفال، وقد تبيّن أن إجراءات التعديل السلوكي القائم على الحوار المفتوح أو من خلال الأنشطة واللعب تكون أكثر فعالية لدى الأطفال المكتئبين الذين يستعمل معهم العلاج الدوائي.

العدوان:Aggression

يعد العدوان من المظاهر النفسية التي شغلت اهتمام المفكرين والفلاسفة ورجال

الدين وعلماء النفس والاجتماع والسياسيين وعلماء البيولوجيا قديماً وحديثاً، فهو من أنماط السلوك الأكثر شيوعاً في حياة الأفراد والمجتمعات، فما تراه من حروب وأعمال عنف وقمع واستبداد وتسلط واختطاف ونهب وسلب الآخرين وجرائم الاغتصاب والاعتداء الجنسي وعدم العدالة الاجتماعية ما هو إلا من مظاهر السلوك العدواني.

فالعدوان بالمفهوم العام عبارة عن أي سلوك يهدف إلى إلحاق الأذى بالآخرين أو تخريب الممتلكات أو إيذاء الذات. وحتى يعتبر السلوك عدوانياً يجب أن يكون مقصوداً بحد ذاته ويمارس من قبل الفرد والجماعة بهدف إلحاق الأذى أو الضرر بالآخرين بدون وجه حق. ومن هنا لا يعتبر كل سلوك عدوانياً وأن تضمن إلحاق الضرر بالأخرين أو بممتلكاتهم. فالجندي الذي يقتل العدو من أجل الدفاع عن الوطن لا يعد سلوكه عدوانياً، والطبيب الذي يستأصل جزءاً من جسم المريض لا يعد سلوكه عدوانياً، والأذى الذي يلحق بالآخرين أو بممتلكاتهم أثناء ممارسة نوعاً من الألعاب لا يعد سلوكاً عدوانياً. وهكذا يجب الأخذ بعين الاعتبار القصد والنية التي تكمن وراء السلوك عند التمييز بين أنماط الفعل العدوانية وأنماط السلوك الأخرى التي يترتب على ضرر بالآخرين أو إتلاف للممتلكات (درويش، 1999).

يمارس الأطفال في المراحل العمرية المبكرة والمتوسطة بعض أنماط السلوك العدواني، ويعد مثل هذا السلوك عادياً يرتبط بالخصائص النمائية للأطفال (شيفر وملمان، 1999)، حيث انهم لم يصلوا إلى مستوى كاف من النضج يمكنهم من التحمل والإدراك السليم بالإضافة إلى حالة التمركز حول الذات وحكمهم على التصرفات من خلال النتائج المترتبة عليها وليس القصد من وراءها . ومثل هذه الأنماط السلوكية العدوانية تتلاشى تدريجياً مع عمليات النمو عبر المراحل اللاحقة.

ويلاحظ في بعض الحالات أن شدة السلوكات العدوانية ومدى تكرارها تكون ملفتة للنظر لدى بعض الأطفال بحيث تكون فوق الحد المقبول وقد تترافق العدوانية لدى هؤلاء الأطفال بأنواع أخرى من الاضطرابات الانفعالية والسلوكية، أو أنها تشكل مظهر مميزاً للاضطراب الانفعالي أو السلوكي الذي يعاني منه بعض الأطفال.

وقد تستمر هذه العدوانية لدى هؤلاء الأطفال وتتفاقم خلال مراحل النمو اللاحقة لتصبح سمة بارزة في شخصياتهم، الأمر الذي يستدعي التدخل ومحاولة علاج هذه المشكلة لمساعدتهم على النمو والتكيف السليمين.

أشكال السلوك العدواني

يمكن أن يأخذ السلوك العدواني أحد الأشكال التالية:

1. العدوان المادي: ويتمثل في أنواع السلوك التي تلحق الأذى والضرر الجسمي بالاخرين أو بايذاء النفس أو تخريب وتدمير الممتلكات. ومثل النوع يكون عادة مصحوباً بمشاعر شديدة من الغضب، ومن الأمثلة عليها الضرب، والقتل والرفس والتدمير والتكسير، و..الخ.

2. العدوان اللفظي: ويأخذ هذا النوع أنماط السلوك الكلامي مثل التهديد والتشهير والشتم والسب والاستهزاء والتحقير، وقد يكون موجهاً نحو الذات والآخرين (يحيى، 2003).

3. العدوان الرمزي: ويعرف بالعدوان التعبيري ويتبدى في أنماط سلوكية إيمائية مثل تعابير الوجه والعيون، كالنظر إلى الآخرين بطريقة ازدراء وتحقير، أو تجاهل النظر إلى الآخرين أو عمل حركات إيمائية باليد (الحسين ، 2002).

بالإضافة إلى الأشكال السابقة، يصنف البعض العدوان إلى أصناف أخرى مثل العدوان الاجتماعي مقابل العدوان غير الاجتماعي والعدوان المباشر مقابل العدوان غير المباشر، والعدوان الوسيلى مقابل العدوان المعادي.

أسباب السلوك العدواني:

تباينت وجهات النظر حول أسباب السلوك العدواني ويرجع السبب في ذلك إلى اختلاف الافتراضات النظرية والمنطلقات الفكرية والفلسفية التي ارتكزت عليها النظريات النفسية والاجتماعية المختلفة.

وفيما يلي عرض لبعض هذه النظريات:

أولاً: نظرية الغرائز

تؤكد هذه النظرية أن العدوان هو عبارة عن غريزة فطرية تولد مع الإنسان، وما السلوك العدواني إلا وسيلة لتفريغ الشحنات أو الطاقة البيولوجية الكامنة لدى الفرد، ومن ابرز الفلاسفة الذين دافعوا عن هذه الاتجاه الفيلسوف مكدوجل والفيلسوف توماس هوبس وكذلك عالم النفس كونراد لورنز (جبر، 2004).

هذا ويرى فرويد في نظرية التحليل النفسي أن الإنسان يولد ولديه دافعين غريزيين هما دافع الحياة والذي يتم التعبير عنه بالحب والجنس، ودافع العدوان والذي يجد تنفيساً له من خلال الرغبة في التدمير والموت والتخريب وإيذاء النفس والآخرين. ويرى فرويد أن مثل هذا الدافع يمكن تحويله وتوجيهه نحو أهداف بناءه من خلال تحقيق التوازن بين مكونات الشخصية الثلاث الهو والانا والأنا الأعلى.

ثانياً: النظريات السلوكية

ترى النظريات السلوكية ان السلوك العدواني هو بمثابة سلوك متعلم كباقي السلوكات والخبرات الأخرى، حيث يكتسبه الفرد من جراء تفاعلاته المتعددة مع المثيرات البيئية التي يصادفها. وحسب نظرية الاشراط، فالعدوان سلوك انفعالي شرطي تطور لدى الفرد تجاه مثيرات معينة كنتاج لاقتران مثل هذه المثيرات بمثيرات طبيعية تثير الغضب والانفعال والعدوان لدى الفرد. أما نظرية الاشراط الإجرائي فتنظر إلى العدوان على أنه سلوك إجرائي- وسيلي يتقوى لدى الفرد لارتباطه بالتعزيز في السابق فأصبح يتكرر لديهم لاحقاً كوسيلة للحصول على هذا التعزيز. اما نموذج المحاولة والخطأ فيرى أن السلوك العدواني هو بمثابة محاولة سلوكية اكتسبها الفرد من خلال المحاولة والخطأ، حيث وجد فيها حلاً للمواقف الاشكالية التي يواجهها.

ثالثاً: نظرية الإحباط - العدوان

تؤكد هذه النظرية أن الاحباطات المتكررة تؤدي إلى توليد العدوان لدى الأفراد، فعند فشل الأفراد من تحقيق أهدافهم وإشباع حاجاتهم ودوافعهم، فان فشلهم هو قد يتبدى في أنماط من السلوك العدواني. تعد نظرية دولارد وميلر المعروفة باسم الإحباط - العدوان من ابرز النظريات التي دافعت عن وجهة النظر هذه، حيث ترى أن الإنسان عندما يواجه عوائق تحول بينه وبين تحقيق الأهداف التي يسعى لها، يتشكل لديه الإحباط وكنتيجة لهذا الإحباط يتولد لديه السلوك العدواني كرد فعل معاكس (جبر، 2005؛ السفاسفة وعربيات 2005).

رابعاً: النظرية الفسيولوجية

وتعزى هذه النظرية أسباب العدوان إلى عوامل ترتبط بالجهاز العصبي أو الجهاز الغدي، حيث ترى أن العدوان يكثر لدى الأفراد الذين يعانون من اضطراب أو تلف في

الجهاز العصبي، كما أنه يرتبط إلى درجة كبيرة بزيادة إفراز الهرمون الجنسي المعروف بأسم التستستيرون، فكلما زادت نسبة تركيزه في الدم، زادت احتمالية حدوث السلوك العدواني (يحيى، 2003).

خامساً: نظرية التعلم الاجتماعي

ترى هذه النظرية أن السلوك العدواني يتم تعلمه كنتاج لعمليات التفاعل الاجتماعي، بحيث يكتسب الأفراد هذا السلوك من خلال التقليد والنمذجة. فالأطفال يلاحظون سلوكات والديهم واخوانهم واقرانهم ومعلموهم ويعملون على تقليدها، كما انهم يتعلمون انماط السلوك بما فيها العدوانية من خلال مشاهدة الأفلام والمسلسلات. ففي هذا الصدد اظهرت النتائج العديدة من ابحاث ودراسات العالم المشهور البرت باندورا (Bandura) أن الأطفال والأفراد على حد سواء يتعلمون أنماط السلوك العدواني من خلال مشاهدة النماذج، وتزداد احتمالية التأثر بالنماذج في حال توفر الدافعية لدى الأفراد في تعلم مثل هذا السلوك ولا سيما عندما تكون نتائجه التعزيزية واضحة ومؤثرة فيهم.

سادساً: عوامل أخرى وتشمل:

أ. الرغبة في التخلص من سيطرة الكبار.

ب. الدلال الزائد والحب والحماية الزائدة.

ج. غياب الأب لفترة طويلة عن البيت.

د. الغيرة والرغبة في جذب الانتباه.

هـ. العقاب الشديد ولا سيما الجسدي منه.

و. عوامل النقص قد تدفع بالفرد الى العدوان كوسيلة تعويضية.

ز. الحرمان الشديد قد يولد الرغبة بالانتقام من الاخرين او من ممتلكاتهم.

علاج العدوان

عند علاج العدوان يفترض البحث عن الأسباب التي تقود إلى الغضب والعدوان لدى الطفل، ويمكن استخدام أكثر من أسلوب في التفاعل مع العدوان تتمثل بما يلي:

أولاً: العلاج السلوكي:

ويقوم هذا العلاج على احداث تغيير في بيئة الفرد من خلال التحكم بمثيرات العدوان القبلية والبعدية بتوظيف برامج التعديل السلوكي المناسبة، ويمكن في هذه البرامج استخدام المبادئ التالية:

أ. استخدام اجراءات العقاب السلبي ويتمثل ذلك في حرمان الطفل من المعززات أو الامتيازات أو الحرمان من اللعب عندما يمارس السلوك العدواني، أو اللجوء إلى استخدام إجراءات العزل والإقصاء عن طريق نقل الطفل من البيئة المعززة إلى بيئة غير معززة.

ب. استخدام إجراءات التعزيز التفاضلي، وفي هذا الإجراء يتم تعزيز السلوكات الاجتماعية الإيجابية أو الاستجابات التي تكون باتجاه السلوك الجيد وتجاهل السلوك العدواني وعدم تعزيزه.

ج. التصحيح الزائد للسلوك العدواني ويتم هذا من خلال إجراءات مثل:

1- الطلب من الطفل إعادة ممتلكات الآخرين عندما يأخذها منهم بالقوة والاعتذار لهم عن هذا السلوك.

2- الطلب من الطفل طلب الصفح والسماح من الآخرين عندما يتصرف بطريقة عدوانية اتجاههم.

3- التحذير اللفظي للطفل بضرورة عدم تكرار مثل هذا الفعل العدواني.

4-الممارسة السلبية: وفيها يطلب من الفرد تكرار السلوك العدواني الذي قام به اتجاه الآخرين مرات ومرات (تمثيل الفعل) والهدف من ذلك تحقيق الاشباع والتعب لدى الفرد على نحو يجعله يكف عن مثل هذا السلوك لاحقاً.

ثانياً: العلاج من خلال النمذجة ولعب الأدوار

وفي هذا النوع يتم تعريض الطفل إلى نوعين من النماذج إحداهما يمارس سلوكات عدوانية تعاقب عليها بشدة وأخرى تمارس سلوكات اجتماعية وتعزز عليها، والهدف من ذلك كف السلوك العدواني وتشجيع السلوك الاجتماعي لدى الطفل. كما يمكن تعزيز الطفل وتشجيعه على لعب الأدوار من أجل استجرار استجابات غير عدوانية.

ثالثا: العلاج النفسي

ترى نظرية التحليل النفسي عدم إمكانية ضبط أو تغيير الدافع العدواني لدى الأفراد

ولكن يمكن تعليمهم تحويل هذه الطاقة وتفريغها في أنشطة اجتماعية مقبولة (جبر، (2005، وعليه يمكن استخدام وسائل متعددة لتفريغ طاقة العدوان لدى الطفل عن طريق استخدام اللعب والرسوم والكتابة والتمارين الرياضية والموسيقى وغيرها من الأنشطة المحببة الأخرى.

رابعاً: إجراءات أخرى مثل:

1- تدريب الطفل على مهارات السلوك الاجتماعي بشكل تدريجي وتقليل درجة الحساسية نحو المواقف التي تثير الغضب لديه وتشجعه على العدوان.

2- إحاطة الطفل بالعطف والحب والحنان وإشعاره بالدف والأمان.

3- تقليل مشاهدة الطفل لبرامج وأفلام العنف المعروضة في التلفاز.

4- يجب على الآباء أن يكونوا قدوة حسنة أمام الأطفال من حيث عدم إظهار مشاعر الغضب والعدوان وتجنب الشجار والنزاع أمام أبناءهم.

5- تنمية القيم الاخلاقية والوازع الديني لدى الأبناء وبيان مساوئ السلوك العدواني وآثاره، في جو يمتاز بالأمن والدفء والهدوء.

القلق Anxiety

يعاني غالبية الأطفال في المراحل العمرية المختلفة أنماطاً متعددة من القلق التي تتباين في أشكالها ومسبباتها وأعراضها، حيث تبتدى في أعراض التهيج والصراخ والبكاء وسرعة الحركة والأرق والتفكير الوسواسي والأحلام المزعجة وفقدان الشهية والتعرق وصعوبة التنفس والغثيان والتفكير القهري الوسواسي والتقلصات اللاارادية (شيفر وملمان، 1999). ويعرف القلق على أنه حالة نفسية تظهر على شكل توتر شامل ومستمر نتيجة شعور الفرد بوجود خطر يتهدده، ومثل هذا الخطر قد يكون موجوداً فعلاً وقد يكون متخيلا لا وجود له في الواقع (دبابنه ومحفوظ، 1984). هذا وقد ينشأ القلق بسبب وجود عوامل معروفة لدى الفرد وتسبب له الخوف وهو يطلق عليه القلق الموضوعي مثل القلق الناتج عن التقدم إلى امتحان ما أو اختيار وظيفة معينة، وهناك القلق الناشئ عن أسباب غير معروفة ومحددة لدى الفرد وهو ما يعرف بالقلق العصابي.

وعموماً يمكن اعتبار منشأ القلق عند الأطفال بسبب خوفهم من الانفصال عن ذويهم ولا سيما الأب والأم، حيث يتشكل لديهم ما يعرف بقلق الانفصال (Seperation Anxiety)

وتزداد احتمالية هذا النوع من القلق لدى أطفال الأمهات العاملات اللواتي يذهبن إلى العمل ويتركن أطفالهن تحت إشراف ورعاية الحاضنات، وكذلك لدى الأسر التي تسيطر عليها عوامل التفكك الأسري مثل الإهمال والتجاهل وتوتر العلاقات بين أفراد الأسرة وكثرة الخلافات والشجار بين الأب والأم.

ومن الجدير ذكره، أن القلق ضمن حدوده الطبيعية لا يعد اضطراباً أو عرضاً سلوكياً يستدعي الاهتمام وذلك لأنه في كثير من الأحيان يشكل هذا القلق دافعاً لدى الأفراد لاتخاذ الإجراءات السلوكية المناسبة وبذل مزيداً من الجهد للتغلب على العقبات وتحقيق التكيف النفسي والاجتماعي المناسب. فعلى سبيل المثال، عندما يشعر الطالب بالقلق بسبب اقتراب موعد الامتحان، قد يدفع هذا القلق بالطالب إلى بذل مزيداً من الجهد والمثابرة في الإعداد والتحضير لهذا الامتحان من أجل تحقيق النجاح. كما أن القائد الذي يعاني من بعض مشاعر القلق قبل خوض معركة ما ، قد يؤدي به إلى اتخاذ اجراءات عملية مناسبة لتحقيق النصر وتفادي الهزيمة. ولكن عندما تستمر نوبات القلق لدى الفرد وتتفاقم وتزداد في حدتها على نحو يعيق الفرد من الإدراك والتعلم والتفاعل الاجتماعي، عندها يصبح القلق ظاهرة مرضية تتطلب العلاج المناسب.

أسباب القلق:

قد ينشأ القلق لدى الأطفال والمراهقين بسبب عدد من العوامل أبرزها ما يلي:

1. فقدان الشعور بالامن

لا شك أن فقدان الشعور بالأمن يولد لدى الأفراد مشاعر الخوف والقلق وتدني مفهوم الذات لديهم، بالإضافة إلى أنه يطور لديهم مشاعر النقص والاعتماد على الآخرين. وقد يرتبط الشعور بعدم الأمن لدى الأفراد بعدد من المتغيرات مثل:

أ. التهديد الشديد والتلويح باستخدام العقاب.

ب. إلحاق العقاب الشديد بالأفراد ولا سيما البدني منه.

ج. عدم الثبات والاتساق في التعامل مع الأفراد ولا سيما من قبل الوالدين.

د. كبر حجم التوقعات حول أداء الأفراد.

هـ الإهمال والتجاهل للأفراد من قبل الآخرين.

و. كثرة الخلافات والشجار أمام الأطفال من قبل الوالدين.

ز. ترك الأطفال بسبب العمل.

ح. فقدان أحد الوالدين بسبب الوفاة أو السفر.

2- الشعور بالذنب

ينشأ القلق لدى بعض الأفراد بسبب مشاعر الذنب التي تعتريهم عندما يقومون بأفعال خاطئة أو غير صحيحة أو بسبب شعورهم بأنهم غير قادرين على القيام ببعض الأعمال المتوقع منهم القيام بها. وقد ينشأ الشعور بالذنب كذلك من سوء ادراك الأفراد وعدم قدرتهم على التمييز بين الواقع والخيال وما ينتج عن ذلك من توقع العقاب نظراً لسوء التصرف أو السلوك الناشئ عن ذلك.

3. كثرة الاحباطات

يتولد لدى الأفراد مشاعر العدوان والقلق في كثير من الأحيان نتيجة الاحباطات المستمرة والكثيرة التي يواجهونها. فالفشل المتكرر قد يولّد لدى الأفراد مشاعر الخوف والقلق والشعور بعدم القدرة والنقص، ومثل هذه المشاعر لا شك تنعكس سلباً في أنماطهم السلوكية سواء في مجال الأداء الأكاديمي أو المهني أو الاجتماعي.

4. التنمذج مع الآخرين

إن ملاحظة سلوكات النماذج وما يترتب على هذه السلوكات من نتائج عقابية أو تعزيزية تؤثر في دافعية الأفراد في تعلم هذه السلوكات وتقليدها أو عدمه. ويشكل الوالدين في المراحل العمرية المبكرة نماذجاً جاذبة للأبناء، حيث يتعلم الأبناء منهم العديد من الأنماط السلوكية والمهارات والقيم والاتجاهات والانفعالات. وقد يتولد القلق لدى الأبناء بسبب أن والديهم قلقون أو يظهرون سلوك القلق، حيث يلاحظ الاطفال سلوكات والديهم في المواقف المتعددة ويعملون على تقليدها ولا سيما عندما يواجهون صعوبات وعقبات.

الأساليب الإرشادية والعلاجية:

يمكن علاج القلق لدى الأفراد عموماً والأطفال على وجه الخصوص من خلال الإجراءات التالية:

أولاً: تدريب الأفراد على الاسترخاء.

ويتمثل هذا الإجراء في توفير بيئة أمنه تمتاز بالهدوء، حيث يدرب الأفراد على التنفس العميق وإرخاء العضلات وتهدئة الأعصاب. فالاسترخاء يعمل على تبديد التوتر ويعمل على تركيز الانتباه وتوجيه الطاقة ويشعر الأفراد بالراحة والاطمئنان.

ثانياً: إزالة فرط الحساسية التدريجي

ويتم في هذا الإجراء إزاحة الارتباط بين مشاعر القلق ومثيراته على نحو تدريجي عبر مراحل هرمية متدرجة من خلال تطبيق برنامج علاجي يعد خصيصاً لهذا الغرض. ومثل هذه الإجراء يكاد يكون فعالاً في حالات القلق الشديدة وحالات الخوف المرضي (الفوبيا).

ثالثاً: توفير مشاعر الحب والتقبل للأفراد

يفترض بالوالدين عدم الانزعاج وإظهار مشاعر الضيق والانفعال عندما يخطئ أطفالهم الصغار، إذ يترتب عليهم إظهار مشاعر الحب والتقبل واللجوء إلى الإرشاد والتوجيه بدلاً من اللجوء إلى العقاب أو النقد. كما يفترض بالأباء استخدام أساليب تربوية تمتاز بالانسجام والأتساق والثبات وعدم التذبذب في الأساليب التي يتبعونها في تهذيب أبناءهم. بالإضافة إلى ذلك يجب تعويد الأبناء بالاعتماد على الاستقلالية والاعتماد على الذات وتكليفهم بمهام تتناسب مع قدراتهم، وعدم الإفراط في حجم التوقعات، ومساعدة أبناءهم على حل المشكلات التي تواجههم وتزويدهم بالمهارات والمعارف التي تساعدهم على مواجهة العقبات والمصاعب.

رابعاً: التشجيع على الحديث الذاتي الإيجابي:

يتضمن هذا الإجراء تعويد الطفل على الحديث على نحو إيجابي مع الذات والابتعاد

عن استخدام التعابير السلبية ونقد الذات. وهنا يتطلب الأمر تشجيع الطفل محادثة على نفسه بعبارات تدلل على الثقة والقدرة مثل (أستطيع أن أقوم بذلك، صحيح أن هناك بعض صعوبات لكن أنا متأكد بأنني سوف أتغلب عليها، أنا قادر وسوف أحقق النجاح وغير ذلك من العبارات الإيجابية الأخرى).

خامساً: التشجيع على التعبير عن الانفعالات :

يتولد القلق لدى بعض الأفراد بسبب كبت انفعالاتهم ودوافعهم واهتماماتهم ورغباتهم تجنباً للنقد أو التجريح أو العقاب. فعندما تتاح للأفراد فرص التعبير عن انفعالاتهم واهتماماتهم في جو يمتاز بالتقبل والتعاطف والاحترام والنقد البناء فإن ذلك يسهم بما لا يدعو للشك في تبديد مشاعر القلق والتوتر لديهم ويشعرهم بالأمن والإحساس بالقدرة، مما يعزز لديهم مفهوم الذات ويزيد من قدراتهم على مواجهة المواقف المختلفة.

الغيرة Jealousy

تعد الغيرة أحد المظاهر الانفعالية التي تلازم الأفراد من مختلف الفئات العمرية، وهي بمثابة مزيج من مشاعر الإحساس بالفشل والغضب، حيث يسعى الأفراد إلى محاولة إخفاءها، إلا أنها رغم ذلك تتجلى في بعض أنماط الفعل السلوكي مثل العدوانية والأنانية والنقد والثورة والشكوى والاعتمادية. هذا وتعد الغيرة ظاهرة انفعالية طبيعية مثلها في ذلك مثل الانفعالات الأخرى كالحب والتعاطف، إذ لا ضرر منها طالما أنها ضمن الحدود الطبيعية، وذلك لأنها تحفز الأفراد على المنافسة والتفوق وتحقيق النجاح (مراد، 2005). ولكن تصبح ظاهرة خطيرة عندما تزداد حدتها عند الأفراد بحيث تشكل عائقاً يحول دون تحقيق التكيف النفسي والاجتماعي.

تظهر الغيرة لدى الأطفال من مختلف الفئات العمرية، وغالباً ما تفصح على نفسها من خلال مظاهر سلوكية مثل:

أ. العدوان والانتقام .

ب. التصنع بإظهار مشاعر الحب في محاولة لإخفاء المشاعر الحقيقة.

ج. إدعاء المرض.

د. البكاء والتوسل والعناد والتجسس والوشاية.

هـ السلوك النكوصي مثل مص الإصبع والتبول اللاإرادي والالتصاق بالأم والاعتمادية على الآخرين. وعادة يسعى الأطفال إلى مثل هذه السلوكات كنوع من التعويض بهدف جذب الأنظار إليهم والحصول على انتباه واهتمام الآخرين.

أسباب الغيرة

هناك عدد من العوامل والأسباب التي تشجع على تطور سلوك الغيرة لدى الأطفال ومن أبرزها ما يلي:

1. قدوم مولود جديد ولا سيما عندما تظهر الأم مزيداً من الرعاية والاهتمام بالطفل الجديد، حيث يشعر الطفل الأول بأنه لم يعد محبوباً، وأن والدته قد تخلت عنه، الأمر الذي يولد لديه مشاعر الغضب والغيرة.

2. مقارنة الطفل بغيره من الأفراد كالأخوان والأقران في مجالات شخصية أو عقلية أو تحصيله.

3. معاناة الطفل من مشاعر النقص بسبب وجود إعاقة أو عاهة أو أي خلل في المظاهر الجسمية والشخصية.

4. الإفراط في استخدام العقاب البدني من قبل أولياء الأمور يعمل على تفاقم سلوك الغيرة لدى الأطفال، ولا سيما عندما يتخذ الوالدين إجراءات صارمة حيال غيرة الأطفال

5. الإحباط المتكرر بفعل خبرات الفشل التراكمية ولا سيما عندما يُحمَّل الطفل مسؤوليات تفوق حجم طاقاته وإمكانياته.

6. الحرمان الشديد بسبب عوامل البخل من قبل أولياء الأمور، أو بسبب الفقر وتدني المستوى الاقتصادي والاجتماعي يعمل على توليد مشاعر الغيرة لدى الأطفال اتجاه الأطفال الآخرين.

7. تدني مستوى الثقة بالنفس وشعور الأفراد بالدونية يسهم في توليد سلوك الغيرة لدى البعض من الأطفال.

أساليب علاج الغيرة

يمكن التقليل من آثار الغيرة لدى الأطفال من خلال اتباع الإجراءات الإرشادية والعلاجية الآتية:

أولاً: التمهيد والتهيئة للمولود الجديد، إذ يفترض بالأم تهيئة الطفل نفسياً وإثارة الاستعداد لديه لقبول المولود الجديد. وهنا يتطلب الأمر من الوالدين إظهار المحبة والود والتعاطف مع الطفل وإشعاره بأنه أفضل من المولود القادم. وان هذا المولود ليس منافساً له، لا بل على العكس من ذلك فهو أخ له.

ثانياً: تجنب إظهار المودة والمحبة لأحد الآبناء على حساب الأبناء الآخرين، إذ يفترض بالوالدين المساواة في التعامل مع جميع الأبناء على حد سواء.

ثالثاً: تجنب المدح والتشجيع للأطفال الآخرين أمام الطفل، إذ من المفترض إبراز السمات الإيجابية لكل طفل من الأطفال والتأكيد عليها وتعزيزها وتدعيمها (القويفلي،2005).

رابعاً: تجنب مقارنة الطفل بالآخرين سواء في السمات العقلية أو الشخصية أو الادائية أو الأكاديمية.

خامساً: تلبية مطالب الطفل وإشباع حاجاته، وتوفير الوسائل الترفيهية والألعاب والمصروف النقدي

سادساً: تنمية ثقة الطفل بنفسه بتوفير فرص النجاح له وعدم تحميله مسؤوليات تفوق إمكاناته وقدراته.

سابعاً: تنمية الاستقلالية والاعتماد على الذات لدى الطفل وعدم تعويده على التعلق الشديد بالوالدين.

ثامناً: تجنب السخرية والنقد والتجريح للطفل ولا سيما أمام الآخرين من الأخوان أو الأقران.

الاضطرابات الانفعالية والسلوكية لدى الاطفال

مصطلحات الفصل السابع

Accident	حادث
Anti- Social Behavior	سلوك معاد للمجتمع
Authority	سلطة
Caring	رعاية
Compensation	تعويض
Complain	تذمر/ شكوى
Corrective Procedures	اجراءات تصحيحه
Deprivation	حرمان
Dificit	عجز/ نقص
Dialoque	حوار
Encourgement	تشجيع
Extroversion	انبساطي
Feedback	تغذية راجعة
Frustration	احباط
Guilty	ذنب
Immature	غير ناضج
Intrinsic	عزيزي
Introversion	انطوائي
Ignoring	تجاهل
Jealousy	الغيرة
Negative Practice	ممارسة سلبية
Negative Ideas	افكار سلبية
Neuratic	عصابي
Prompts	محفزات / مشجعات
Positive Ideas	افكار ايجابية
Self Talking	حديث الذات
Self Accertain	تأكيد الذات
Seperation Anxiety	قلق الانفصال
Stealing	سرقة
Success	نجاح

الاضطرابات الانفعالية والسلوكية

لدى الأطفال

Emotional and Behavioral   Disturbances

- قضم الاظافر

@ اسباب قضم الاظافر

@ الاساليب الارشادية والعلاجية

- مص الاصبع

@ اسباب مص الاصبع

@ الاساليب الارشادية والعلاجية

- الفوضوية وعدم الترتيب

@ مظاهر الفوضوية وعدم الترتيب

@ اسباب الفوضوية وعدم الترتيب

@ الاساليب الارشادية والعلاجية

- الهروب من المدرسة

@ اسباب الهروب من المدرسة

@ الاساليب الارشادية والعلاجية

الفصل الثامن

@ الاساليب الارشادية والعلاجية

- التمرد والعصيان

@ اسباب التمرد والعصيان

@ الاساليب الارشادية والعلاجية

- احلام اليقظة

@ الاسباب التي تؤدي الى احلام اليقظة

@ الاساليب الارشادية والعلاجية

الاضطرابات الانفعالية والسلوكية

لدى الأطفال

بالاضافة الى الاضطرابات التي ورد ذكرها في الفصلين السادس والسابع، يعاني الاطفال من اضطرابات سلوكية اخرى، ومن هذه الاضطرابات ما يلي:

قضم الأظافر Nail Biting

يعد قضم الأظافر من العادات الفموية غير الصحية، وتنتشر مثل هذه العادة لدى الأفراد من الفئات العمرية المختلفة، وتكاد تكون اكثر انتشاراً لدى المراهقين. ففي مرحلة الطفولة ما بين 6-5 سنوات تبلغ نسبة انتشارها 28% ، في حين تبلغ نسبة انتشارها في مرحلة الرشد 20-25% ، أما في مرحلة المراهقة فقد تصل نسبة انتشارها(62%)، وهي اكثر انتشاراً لدى الإناث منها لدى الذكور (http://www.qmanar.com, 2005).

تعكس عادة قضم الأظافر توترات واحساسات بالقلق لدى الأفراد بحيث يلجأ إليها هؤلاء الأفراد كنوع من السلوك الإنسحابي لتخفيف التوتر والقلق الذي يعانون منه . وقد تتسبب مثل هذه العادة في تشوهات في الأظافر والأصابع وحدوث التقيحات بالإضافة إلى التسبب في مظاهر انفعالية لدى الفرد مثل الخجل والإحراج (شيفر وملمات، 1999).

يظهر قضم الأظافر في ثلاثة أشكال تبعاً لمستويات حدتها وتباين أعراضها وهذه الأشكال هي:

1- الخفيف: وفيه يمارس الفرد قضم الأظافر في بعض المواقف والمناسبات، وفي مثل هذا النوع تكون المنطقة العليا من الظفر (والمنطقة البيضاء) مشوهة وغير منتظمة، وقد تبقى كذلك طوال حياه الإنسان.

2- المعتدل: وهنا يتكرر ممارسة عادة القضم بشكل فوق المعتاد، وينتج عن هذا النوع اختفاء المنطقة البيضاء من الظفر.

3- القوي: في هذا الشكل تكون عادة قضم الأظافر عادة ملازمة للفرد في معظم الأوقات، وفيه قد يختفي الظفر تماماً وقد يصل قضم الأظافر إلى معظم الأصابع بحيث لا يتوقف عند إصبع واحد (http://www.qmanar.com.2005).

أسباب قضم الأظافر

يمكن عزو عادة قضم الأظافر للأسباب التالية:

(1) التوتر النفسي والقلق الناتج بفعل التهديد أو قسوة العقاب من قبل الوالدين.

(2) إزعاج الأهل حيث يلجأ إليه الطفل كوسيلة لإزعاج والديه رداً على أساليب التربية القائمة على الضبط والمراقبة.

(3) الغيرة ولا سيما عندما يعتقد الطفل بأن والديه لم يعودوا يحبانه أو نتيجة لقدوم مولود جديد.

(4) تفريغ للطاقة الزائدة لدى الطفل

(5) تفريغ الميول العدوانية لدى الطفل ولا سيما عندما لا يستطيع التعبير عنها اتجاه الآخرين فيعبر عنها في إيذاء ذاته.

(6) توقعات الأسرة والضغط الزائد على الطفل بإنجاز مهمات قد تفوق قدراته وإمكانيته مما يتولد عن ذلك القلق والتوتر لديه.

(7) التقليد والتنمذج مع الآخرين في البيت والمدرسة.

(8) قرب الامتحانات، حيث أظهرت نتائج الأبحاث أن24% من الذكور والإناث في الفترة العمرية التي تتراوح بين 12-14سنة يقضمون أظافرهم عند اقتراب موعد الامتحانات   (السقاسقة وعربيات ، 2005).

الأساليب الإرشادية والعلاجية:

يمكن اتباع الأساليب والإجراءات التالية للتخفيف من عادة قضم الأظافر وعلاجها:

(1) التدريب على الاسترخاء العضلي والنفسي ومساعدة الطفل على تفريغ مشاعر الغضب والقلق لديه من خلال إشراكه في بعض الأنشطة.

(2) أشغال اليد (الكف) ويتم ذلك من خلال أشغال الطفل في بعض الأنشطة المحببة كاللعب والرسم والعزف والكتابة، واللعب بالمعجون والصلصال والعاب الرمل والماء.

(3) توفير الحب والعطف للطفل والتقليل من عوامل التهديد والعقاب .

(4) تدريب الطفل على توكيد الذات وتنمية قدرته على الإنجاز والابتعاد عن تكليفه بإنجاز مهمات غير واقعية لا تتناسب وقدراته.

(5) تقليم أظافر الطفل أولاً بأول وعدم تركها تطول.

(6) وضع مادة منفره على أصابع الطفل دون علمه بذلك Xالإشراط المنفرZ .

(7) استخدام أجهزة التسجيل لتسجيل عبارات مثل (لن أقضم أظافري) على شريط وإسماعها للطفل أثناء النهار وقبل النوم بشكل متكرر .

(8) استخدام إجراءات العقاب والتعزيز، بحيث يتم حرمان الطفل من بعض المعززات عندما يمارس سلوك قضم الأظافر وتعزيزه عندما يكف عن ذلك.

مص الإصبع Thumb Sucking

تعد منطقة الفم والأجزاء المحيطة بها من أكثر المناطق تطوراَ ً عصبياً عند الولادة، وهي أول المناطق التي يتم فيها التناسق العصبي العضلي على اعتبار ان أول نشاط يقوم به الطفل هو المص والبلع. فمن الطبيعي أن يمارس الأطفال في السنوات الأولى من العمر عادة المص لارتباطها بإشباع الحاجات من جهة ولكونها إحدى أدوات الاستكشاف، أي التعرف على خصائص الأشياء من خلال الفم (2005، عادات الأطفال الضارةhtm). ويلاحظ أن ما يزيد عن 75% من الأطفال يمارسون عادة مص الإصبع خلال السنة الأولى من العمر، حيث يتجه معظم هؤلاء الأطفال إلى مص الإبهام مباشرة عندما يملون أو يتعبون، أو يضطربون أو يجوعون. وغالباً ما تترافق هذه العادة بفعاليات أخرى من أجل التسلية الذاتية كمسك الأذن أو العبث بالأشياء والألعاب (http://www. alahsaa, 2005,http://www.iragemter, 2005)

هذا ويعد مص الإصبع ظاهرة طبيعية خلال السنوات الأولى من العمر، إذ تبلغ نسبة انتشارها حوالي 45% لدى الأطفال دون سن الرابعة، ومثل هذه الظاهرة لا خوف منها ولا قلق تمثله وذلك لأن غالبية الأطفال يتخلون عنها ما بين السنة الثانية والرابعة من العمر، حيث في سن الخامسة من العمر تبلغ نسبة انتشارها 20% لتتناقص هذه النسبة تدريجياً وتصبح 5% في سن العاشرة. فالتخلي عن هذه العادة قبل عمر الأربع سنوات لا يؤدي إلى أية مشكلات صحية في الأسنان أو الفكين أو اللثة ولكن استمرارها بعد هذا العمر يعكس اضطراباً انفعالياً أو نفسياً لدى الطفل، وقد يتسبب في تشوه الأسنان والفكين واللثة. وفيما يلي عرض للآثار المترتبة على استمرار عادة مص الإصبع.

أ- بروز سني علوي وميلان في القواطع العلوية نحو الشفة (للخارج).

ب- تراجع سنى سفلي وميلان في القواطع السفلية نحو اللسان (للداخل)

ج- تشوه مقدمة الفك العلوي.

ء- تفتق القوس السني العلوي.

هـ- تشوه في شكل الفم والوجه.

د. تشوه في عملية الأطباق

ز. التهابات الأظافر وتشقق الجلد (http://www.alahsna, 2005). وتزداد مثل هذه الآثار إذا استمرت هذه العادة ما بعد عمر التخلص من الأسنان اللبنية، وقد تتسبب في مشاكل انفعالية للطفل مثل الاستغراق في عالم الأحلام والسرحان وعدم الاستجابة للآخرين أثناء انشغاله بالمص بالإضافة إلى الخجل والانزواء. وقد ينتج عنها كذلك مشكلات في النطق والكلام مثل صعوبة نطق بعض الحروف مثل حرف (التاء، والدال) والتلعثم أثناء الكلام ودفع اللسان إلى الأمام أثناء النطق.

(شيفروملمان، 2005 ؛1999وعادات الأطفال الضارة، htm).

أسباب مص الإصبع

من أسباب مص الإصبع ما يلي:

1- الحرمان وعدم تلبية حاجات الطفل ولا سيما الاهتمام والرعاية والعطف من قبل الأم.

2- معاناة الطفل من التوتر بسبب انفصال الطفل عن الأم خلال الشهور الستة الأولى من العمر

3- الظروف الأسرية والاجتماعية التي تفجر القلق والغضب لدى الطفل

4- عدم كفاية حليب الأم والاستعانة بالحليب الاصطناعي وشعور الطفل بالجوع.

5- فطام الطفل في سن مبكر، حيث وجد أن ارتفاع نسبة انتشار هذه العادة لدى الأطفال الذين يفطمون في وقت مبكر.

6- الغيرة ولا سيما بوجود منافس في الأسرة.

7- سلوك وسيلي يسعى الطفل من خلاله الى لفت انتباه واهتمام والديه.

8- استخدام زجاجات رضاعة غير مناسبة لممارسة عملية المص.

الأساليب الإرشادية والعلاجية:

من أجل تلافي مخاطر هذه العادة والتخفيف من آثارها، يمكن إتباع الأساليب الإرشادية والعلاجية التالية:

أولاً: إعطاء الطفل مصاصة كبديل (الثدي الكاذب) ويجب أن يكون مناسباً من حيث الحجم ومادة الصنع.

ثانياً: عدم إشعار الطفل بالاهتمام أو تأنيبه أو تعنيفه على هذا السلوك، إذ يجب على الأباء تجاهل عادة المص لدى أبناءهم، لأن الغالبية من الأطفال يتخلصون منها تلقائياً ؛ فأظهار الاهتمام الشديد قد يؤدي إلى تضخيم الصراع على السلطة بين الأب والأم والطفل، وهذا بالتالي يجعل من المشكلة أكثر تعقيداً (شيفر وملمان 1999).

ثالثاً: استخدام الأجهزة والأدوات المستنده الى العلاج السلوكي وتشمل :

أ- وضع لاصق الجروح على الإصبع.

ب- وضع طلاء الأظافر على الإصبع.

ج- وضع مادة مرة الطعم أو غير مستساغة على الإصبع.

ت- استخدام جهاز الإبهام وهو كيس من البلاستيك يوضع في الإبهام بحيث يتم

رفعة بعد مرور 24 ساعة، ويعاد وضعه مرة أخرى عندما يحاول الطفل تكرار مص الإصبع.

هـ- استخدام أجهزة الفم وهي عبارة عن قنطرة يتم تركيبها من قبل طبيب الأسنان بحيث تلتصق بجدار الفم وتعمل على إعاقة عملية المص وجعلها غير ممتعة.

رابعاً: استخدام إجراءات التعديل السلوكي وتشمل

أ. أشغال يد الطفل بالألعاب والرسوم وألعاب الفك والتركيب والمعجونة وأدوات العزف.

ب. الممارسة السلبية ويتمثل ذلك في إجبار الطفل على ممارسة مص الإصبع لفترة من الزمن ثم الطلب منه تكرار ذلك، والهدف من هذا الإجراء هو الوصول بالطفل إلى حالة من التعب والملل والإشباع وبالتالي كره مثل هذه السلوك وتجنبه .

ج- استخدام إجراءات التعزيز التفاضلي، وذلك بتعزيز سلوكات عدم المص وعدم تعزيز سلوك المص.

هـ- استخدام إجراءات العقاب السلبي المتمثل في حرمان الطفل من الجوائز والمكافئات والمعززات عندما يقوم بسلوك المص.

خامساً: إجراءات أخرى وتشمل :

1. تعزيز الوعي الذاتي لدى الطفل من خلال تعميق وعيه لمساوئ هذه العادة. ويتم هذا الإجراء عن طريق وضع مرآه أمام الطفل أثناء ممارسة سلوك المص.

2. الإيحاء: ويتمثل في حديث الأم مع الطفل قبل النوم كالقول له بصوت هادئ وناعم "أنت كبرت وغداً ستذهب إلى المدرسة مثل الكبار فمن العيب أن تمص إصبعك لأن الكبار لا يمصون أصابعهم".

3. تزويد الطفل بالحب والحنان وإعطاءه قدراً من الانتباه والاهتمام مع توفير عوامل الأمن وتقليل المواقف الضاغطة.

4. استخدام النماذج والعروض التي تبين مساوئ هذه العادة والآثار المترتبة عليها.

5. إطالة فترة الرضاعة ولا سيما مع الأطفال الصغار بالعمر.

6. إشباع حاجات الطفل ولا سيما بالغذاء والاستجابة إلى مطالبه ضمن الحد الطبيعي المقبول.

الفوضوية وعدم الترتيب Messy& Sloppy

يمتاز الأطفال عموماً في المراحل العمرية المبكرة بعدم النضج حيث أنهم لا يدركون الكثير من المسائل التي تدور حولهم أو تتعلق بأنفسهم، فنجدهم يتسمون بالفوضى وعدم النظام وعدم الاهتمام بمظهرهم وملابسهم وألعابهم. ومثل هذا الأمر يعد طبيعياً إذ أنهم يتخلصون تدريجياً من هذه المظاهر السلبية مع تقدمهم بالعمر. ولكن تصبح الفوضوية وعدم الترتيب مشكلة سلوكية تستدعي الاهتمام والعلاج عندما يمارسها الأطفال في المستويات العمرية التي يفترض منهم فيها تعلم النظام والترتيب ، إلا أنهم يستمرون ويصرّون على ممارسة السلوكات الفوضوية مثل عدم الاهتمام بمظهرهم أو أشياءهم.

مظاهر الفوضوية وعدم الترتيب

تتبدى مظاهر الفوضوية وعدم الترتيب في الأنماط السلوكية التالية:

أ- عدم الاهتمام بالمظهر العام والهندام.

ب- عدم الاهتمام بنظافه الملابس أو الجسم.

ج- القذارة في ممارسة عادات الطعام.

ء- إهمال الأشياء الخاصة بهم مثل الألعاب والكتب والدفاتر.

هـ- سرعة الاتساخ وتهدل الملابس

و- عدم الاهتمام بنظافة غرفة نومهم وعدم ترتيب أَسَرِتُّهم.

ز- ترك أشياءهم ملقاة على الأرض دون وضعها في أماكنها الخاصة بها.

ح- عدم الاهتمام بتصفيف الشعر وتركه متهدلاً متسخاً وغير نظيف .

أسباب الفوضوية وعدم الترتيب

يمكن عزو الفوضوية وعدم الترتيب للأسباب التالية (شيفر وملمات 1999):

أولاً: عدم التدريب المبكر للطفل على مهارات الاستقلال الذاتي والاعتماد على النفس . إن إحاطة الطفل بالحماية الزائدة والدلال المفرط وقيام الأب والأم بالقيام بالمهام التي يفترض من الطفل القيام بها بنفسه يعزز سلوك الاعتمادية لدى هذا الطفل ويضعف قدراته الذاتية، ويعيقه بالتالي من تطوير المهارات الضرورية اللازمة للاعتناء بنظافته وبنظافه هندامه وملابسه. كما أنه يعود الطفل على الكسل وعدم الاهتمام, وينمي لديه عدم الإحساس بالمسؤولية وعدم تقدير قيمة الأشياء.

ثانياً: التعبير عن الرفض لتحمل المسؤولية

يلجأ بعض الأفراد إلى الفوضى وعدم الترتيب بدافع التعبير عن الرفض لتحمل المسؤولية وذلك لأن التقيد بالنظام والنظافة يعنى لهم الالتزام وتقييد الحرية.

ثالثاً: التعبير عن الغضب والمعارضة

إن أصرار الوالدين على أبناءهم ضرورة التقيد بنظام معين والحفاظ على النظافة والترتيب يولد الشعور لدى هؤلاء الأبناء بالغضب، مما يدفعهم إلى الرفض بحيث يجدوا في سلوك الفوضوية وعدم الترتيب متنفساً للتعبير عن هذا الرفض والنزعة في الاستقلالية عن سلطة إباءهم.

رابعاً: أسباب أخرى وتشمل:

1- النماذج السيئة:

يتعلم الأطفال السلوكات الفوضوية نتيجة تفاعلهم مع نماذج تمارس مثل هذه السلوكات كالآباء والاخوة والأقران.

2- تساهل الوالدين:

مثل عدم اكتراثهم في تدريب الطفل على المهارات الضرورية للعناية بنفسه أو عدم اهتمامهم بنظافة المنزل وترتيبه أو عدم اهتمامهم كذلك بنظافة الطفل.

3- معاناة الطفل من بعض الإعاقات والمشكلات الصحية والحسية والتي تؤثر في نمو قدراته على التنظيم.

الأساليب الإرشادية والعلاجية

بالإمكان علاج السلوك الفوضوي لدى الأطفال عن طريق اتباع الإجراءات الإرشادية والعلاجية التالية:

أولاً: تعريض الطفل إلى نماذج إيجابية تتسم بالنظام والنظافة والترتيب وتعزيز الطفل على تقليد مثل هذه النماذج.

ثانياً: التدريب المبكر على مهارات النظام والترتيب عن طريق الخطوات التالية:

أ- تشجيع الطفل على الاعتناء بذاته وبنظافة هندامه وملابسه وتعزيزه على ذلك.

ب- تكليف الطفل بالقيام ببعض الأعمال البسيطة مثل إعادة وضع الأشياء في أماكنها وترتيب السرير، والاعتناء بنظافة الغرفة ووضع القمامة في سله المهملات.

ج- تنمية الاستقلالية والاعتمادية على الذات لدى الطفل وعدم القيام بالأعمال التي يستطيع القيام بها نيابة عنه.

ثالثاً: استخدام إجراءات العقاب مثل تكلفة الاستجابة والعزل وإجراء تعلم الاستجابة البديلة.

رابعاً: استخدام إجراءات التعزيز التفاضلي من حيث تعزيز سلوك النظام والترتيب وعدم تعزيز سلوك الفوضى أو عدم الترتيب .

خامساً: استخدام الخرائط وهي بمثابة قائمة أو جداول من المهام توضح للطفل الواجبات التي يفترض منه القيام بها وفق تسلسل معين.

سادساً: عدم الإفراط في اللوم والنقد والتهكم والسخرية من الطفل لأن ذلك يعمل على تفاقم المشكلة وتوليد رد الفعل المعاكس لديه.

الهروب من المدرسة Truancy/ Escaping from School

تنتشر لدى الأطفال من ذوي الفئات العمرية من (6-17) ظاهرة الهروب من المدرسة بدون عذر قانوني، حيث يخرجون من المدرسة خلال ساعات الدراسة الرسمية ويمضون معظم الوقت في الخارج ولا يعودون إلى البيت إلا مع انتهاء الدوام في المدرسة.

ومثل هذه الظاهرة تصبح مشكلة خطيرة إذا تكررت كثيراً لما لها من انعكاسات سلبية على المستوى التحصيلي والاجتماعي لهؤلاء الطلبة.

تسود هذه الظاهرة بشكل أكبر لدى الطلبة الذكور أكثر منها لدى الأناث، وتبدأ في السنوات الدراسية المبكرة وتزداد لتصبح عادة في مرحلة الثانوية (المراهقة)، حيث تظهر نتائج الدراسات أن 82% من الطلبة المتهربون من المدرسة في مرحلة المراهقة كانوا قد مارسوا هذا السلوك في السنوات الدراسية الأولى (شيفر وملما، 1999).

أسباب الهروب من المدرسة

هناك مجموعة أسباب تؤدي إلى الهروب من المدرسة تتمثل في الآتي:

أولاً: عدم المبالاة واللاكتراث من قبل الوالدين في انتظام ابناءهم بالمقاعد الدراسية. كثيراً من الآباء لا يقدر قيمة المدرسة والتعليم ومدى أهمية انتظام ابناءهم في الدراسة، وهذا بالتالي يؤدي إلى تشجيع الأبناء على الهروب من المدرسة.

وقد يرجع عدم الاهتمام هذا لدى الأباء لعوامل مثل الجهل أو لاتجاهاتهم السلبية نحو التعليم والمدرسة أو لانشغالهم في العمل أو لرغبتهم في مساعدتهم في العمل.

ثانياً: كثرة المتطلبات الدراسية من وظائف وتعينات: فعندما يواجه الطلاب وظائف وتعينات كثيرة ويفشلون في إنجاز مثل هذه الوظائف يتولد لديهم الدافع للهروب من المدرسة كمخرج للمشكلة التي يواجهونها.

ثالثاً: رفقاء السوء حيث يعملون على تشجيع بعضهم على الهروب من المدرسة.

رابعاً: اتجاهات الطلبة السلبية نحو المدرسة يشجع على هروبهم منها (حمدان، 1982).

خامساً: يوجد بعض الطلبة ممن يمتازون بقدرات عقلية عالية بحيث ينظروا إلى الأعمال المدرسية على أنها سخيفة ودون مستواهم العقلي، مما يؤدي بهم إلى عدم الذهاب إلى المدرسة (شيفر وملمان 1999).

سادساً: الخوف من المدرسة بسبب ممارسات المعلمين واتباعهم أساليب الضبط التي تقوم على العقاب والنقد والتهكم والتجريح.

سابعاً: بعض الطلبة يتهربون من الذهاب إلى المدرسة بسبب أنهم من متعاطين المخدرات أو ممن يخرقون تعليمات المدرسة ومثيري المشاكل فيها، لذلك يؤثر هؤلاء الطلبة البقاء خارج المدرسة.

الأساليب العلاجية والإرشادية

لعلاج مشكلة الهروب من المدرسة يمكن الاستعانة بالإجراءات العلاجية والإرشادية التالية:

أولاً: الإرشاد والعلاج الأسري

عندما يُكتشف أن الأسرة من الأسباب التي تقف وراء تسرب الأبناء وهروبهم من المدرسة، عندها يقتضي الأمر ارشاد وعلاج الأسرة عن طريق برامج التوعية التربوية والاجتماعية. وفي مثل هذه البرامج يتم تقديم الدعم الاجتماعي للأسرة وتزويدها بالتوجيهات والإرشادات حول دور المدرسة في تنمية قدرات الأفراد وإعدادهم للمستقبل ومساعدتهم على التكيف. وتنطوي مثل هذه البرامج على تنمية مهارات الآباء في أساليب التعامل مع الأبناء ونصائح وإرشادات لمساعدتهم على حل المشكلات الأسرية بالإضافة إلى التأكيد على ضرورة انتظام الأبناء على مقاعد الدراسة.

وفي حال اكتشاف أن الأسر تضطر ابناءها إلى ترك المدرسة بسبب عوامل الفقر وتدني المستويات الاقتصادية، فإن البرامج تنطوي على تقديم إرشادات ونصائح لكيفية التعامل مع هذه المشكلة دون الحاجة إلى ترك الأبناء للمدرسة، وقد ترفع هذه البرامج ببعض التوصيات إلى الجهات المختصة من أجل تقديم الدعم لمثل هذه الأسر الفقيرة.

ثانياً: تعزيز التواصل وتعميقه بين الأسر والمدرسة.

في بعض الحالات تتفاقم مشكلة التسرب لاتساع الفجوة وضعف التواصل بين الأسر والمدرسة. فمن خلال مجالس الآباء والأمهات يمكن الحد من هذه المشكلة وذلك بتفعيل دورها في المساهمة في التخطيط للأنشطة التربوية وأساليب تنفيذها والمشاركة كذلك في مناقشة المشكلات المختلفة واقتراح الحلول المناسبة لها.

ثالثاً: بيان أهمية المدرسة للأبناء

يقع على عاتق الآباء الدور الأكبر في تنمية الاتجاهات الإيجابية نحو المدرسة لدى

أبناءهم وذلك عن طريق توعية أبناءهم بدور المدرسة وأهميتها في إعدادهم وتنمية قدراتهم على مواجهة مطالب الحياة والعمل.

رابعاً: المتابعة

بعض الأطفال يُسرف في الهروب من المدرسة لأنهم يعلمون أن والديهم لا يكترثون بذهابهم أو عدم ذهابهم إلى المدرسة ولا سيما إذا كانت المدرسة كذلك مقصرة من حيث تزويد أولياء الأمور بتقارير منتظمة حول حضور الطالب وغيابه ومدى انضباطيته ومستوى تحصيله، ومن هنا فأن المتابعة من قبل البيت والمدرسة عامل هام في التقليل من غياب الطفل من المدرسة.

خامساً: حل مشكلات الطفل

يجب على الآباء والمعلمون والمرشدون التعرف على الأسباب التي تدفع بالطفل إلى الهروب من المدرسة في جو يمتاز بالتقبل والتسامح والهدوء، ومساعدته على حل مشكلاته والتخلص من عوامل التوتر والخوف لديه.

سادساً: استخدام الحوافز والمكافئات التشجيعية للطفل مثل الألعاب والنقود والهدايا لتعزيز سلوك الذهاب إلى المدرسة والانتظام في الدراسة.

سابعاً: دور المدرسة

يجب أن تشتمل المدرسة على أنشطة ممتعة تدخل البهجة والسرور إلى قلب الأطفال وتشجعهم على الانتظام بالدراسة وكذلك التقليل من الأساليب التي تقوم على القمع والعقاب والتهديد، والتخطيط لحجم معقول من الوظائف والتعينات بما يتناسب وخصائص الأطفال.

ثامناً: سَنَّ أو تفعيل القوانين والتعليمات: التي تدعو إلى إلزامية التعليم ولا سيما في الصفوف العشر الأولى من الدراسة وتعريض الأطراف ذات العلاقة عن هروب الطفل من المدرسة إلى المسائلة واخضاعها إلى أنواع من العقوبات أو الغرامات.

تاسعاً: برامج التوعية الإعلامية:

يفترض بالجهات الرسمية المسؤولة كوزارة التربية والتعليم ووزارة التنمية

الاجتماعية المساهمة بالتعاون مع مؤسسة التلفزيون في إعداد برامج تلفزيونية للتوعية حول أهمية التعليم والآثار السلبية التي تنطوي على الهروب من المدرسة سواءاً من خلال عروض تمثيلية مصطنعة أو عروض حقيقية من واقع الحياة.

الكذب:Lying

تعد ظاهرة الكذب من أكثر الاضطرابات السلوكية خطورة، وهي إحدى مظاهر السلوك غير الاجتماعي التي تنعكس آثارها السلبية على كل من الفرد والمجتمع. فقد يتولد عن هذا السلوك العديد من المشكلات الأخرى التي لها علاقة بمصير وحياة الأفراد ومستقبلهم.

ويمكن النظر إلى الكذب على أنه القول المنافي للحقيقة، أو قول أشياء لا تمس للواقع بشيء، أو أنه تحريف وتشويه للحقيقة والواقع. وقد يرتبط الكذب بالغش وذلك من أجل تحقيق هدف أو مكاسب معينة (شيفر وملمان، 1999).

تنتشر ظاهرة الكذب لدى الأفراد من مختلف الفئات العمرية ومن كلاً الجنسين : الذكور والاناث، وهي أكثر انتشاراً في مراحل الطفولة والمراهقة، بحيث أنها تشكل مشكلة حقيقية لكل من الآباء والمربين. هذا وتتباين الدوافع التي تقف وراء سلوك الكذب لتأخذ الأشكال التالية (السفاسفة وعربيات ، 2005):

أولاً: الكذب الخيالي أو الإيهامي:

يلجأ الأطفال والمراهقون عادة إلى هذا النوع من الكذب بدافع التسلية والترويح عن النفس أو بدوافع التعويض وتأكيد الذات، حيث يسردون قصص غير واقعية عايشوها أو الحديث عن مغامرات قاموا بها.

ثانياً: الكذب الادعائي:

وفي هذا النوع يلجأ المراهقون والأطفال إلى عدم قول الحقيقة أو إدعاء بعض الأشياء غير الواقعية بهدف التفاخر والزهو بالقدرة أو من اجل تعويض النقص لديهم أو بهدف الهروب من الواقع، كأن يدعى الفرد بأنه على علاقة وثيقة مع شخصية مرموقة أو أنه دعى إلى حفل يضم شخصيات بارزة وهكذا (القوصي، 1980).

ثالثاً: الكذب الالتباسي

قد يعتبر هذا النوع من الكذب من الأشكال البريئة، حيث لا يكون الدافع وراء الكذب هو الكذب بحد ذاته أو عدم قول الحقيقة، وإنما بسبب عدم قدرة الفرد على التمييز بين الواقع والخيال، حيث تلتبس عليه الأمور وتتداخل معاً على نحو لا يمكنه من إدراك الواقع، وتلعب نوعية المعلومات التي يحصل عليها الطفل دوراً في هذا النوع، إذ أن المعلومات المشوهة والناقصة وغير الواضحة تعيقه من إدراك حقيقة الأشياء بصورتها الواقعية، مما يضطره إلى استخلاص معلومات قد لا تمت بصلة للواقع أبداً.

رابعاً: الكذب الانتقامي

يلجأ الأطفال والمراهقون عادة إلى هذا النوع من الكذب بدوافع عدوانية انتقامية وهدفهم من ذلك إلحاق الأذى والضرر بالآخرين. ويتمثل هذا النوع باتهام الآخرين باتهامات باطلة بسبب الغيرة والمنافسة غير الشريفة.

خامساً: الكذب العنادي

يلجأ الأطفال والمراهقين إلى هذا النوع من الكذب بدوافع تتمثل في تحدي وإزعاج السلطة، حيث انهم يشعروا بالمتعة والسرور في ممارسة هذا النوع من الكذب.

سادساً: الكذب الدفاعي

وهو من أكثر أنواع الكذب شيوعاً لدى الأطفال والمراهقون ويلجأون إليه بدوافع حماية الذات وتجنب العقاب، حيث يضطر الطفل إلى الكذب خوفاً من تلقي العقاب، وفي بعض الأحيان يضطر الطفل أو المراهق إلى الكذب بدافع الانتماء والولاء إلى الجماعة، حيث يبرر افعالها بالكذب حماية لها.

سابعاً: الكذب المزمن

وهو الكذب الإرادي التي يخطط له الفرد ويمارسه باستمرار، وقد يسعى من وراءه إلى تحقيق أهداف وغايات تعود عليه بالنفع، أو لغايات إلحاق الضرر بالآخرين إشباعاً لدوافع شعورية وغير شعورية متأصلة في شخصيته.

أسباب الكذب:

يمكن أن يرتبط سلوك الكذب بأحد الأسباب التالية (شيفر وملمان، 1999؛الحسين 2002):

(1) الدفاع عن النفس وتجنب العقاب

(2) الإنكار والرفض للذكريات والخبرات المؤلمة

(3) التفاخر والمباهاه.

(4) تعويض لمشاعر النقص والدونيه.

(5) الغيرة والانتقام والحقد والعداء.

(6) الشعور بالخوف وعدم الأمان.

(7) النمذجة والتقليد للآخرين.

(8) المجاملة والمسايرة للآخرين ولا سيما الجماعة التي ينتمي لها

(9) من أجل تحقيق أهداف وغايات ومكاسب شخصية

(10) التخيل النفسي وعدم وضوح الواقع.

(11) عدم الثقة بالطفل وتصديقه من قبل الكبار يدفعه إلى الكذب كرد فعل معاكس لعدم الثقة به.

الأساليب الإرشادية والعلاجية:

الكذب ظاهرة سلوكية خطيرة تستدعي الانتباه والاهتمام على كافة الأصعدة ومن جميع الجهات المعنية لانعكاساتها الخطيرة على الأفراد والمجتمعات. ويمكن التقليل من هذه الظاهرة وعلاجها من خلال الأساليب والإجراءات التالية:

أولاً: البحث عن أسباب الكذب

خير وسيلة لعلاج أي مشكلة هو التعرف على الأسباب التي أدت إلى حدوثها. وبالتالي لعلاج الكذب لدى الأطفال والمراهقين ينبغي تحديد الأسباب التي تدفعهم للكذب وتقديم العلاج المناسب حسب طبيعة السبب. فإذا كان السبب في الكذب على سبيل المثال هو تعويض النقص أو تدني مفهوم الذات لدى المراهقين ، عندها يجب

تعزيز ثقة المراهق بنفسه ومساعدته على إدراك مظاهر القوة في شخصيته، أما إذا كان السبب هو الخوف من العقاب، فيمكن التغيير في أساليب التعامل مع المراهق والابتعاد عن الأساليب التربوية التي تعتمد النقد والتهديد والعقاب وهكذا ....

ثانياً: استخدام الإجراءات العقابية

عندما نكتشف أن أبناءنا يكذبون يجب أخذ هذا الأمر على محمل الجد وعدم التساهل فيه. إذ يجب عقاب مثل هذا السلوك في كل مره يظهر فيها باتباع أساليب العقاب المختلفة مثل تكلفة الاستجابة والعزل والحرمان وعدم الاستجابة لمطالب المراهق أو الطفل.

رابعاً: تنمية الوازع الديني والأخلاقي:

أن غرس القيم الدينية والأخلاقية لدى الأبناء في المراحل العمرية المبكرة من شأنه أن يساعدهم على بناء نظام قيمي يوجه سلوكاتهم ويعمق لديهم الإحساس بأهمية وضرورة السلوك بطرق مقبولة. وهذا يعني ضرورة التزام الآباء بقول الصدق دائماً أمام أبناءهم وأن يشكلوا نماذجاً صالحة لأبنائهم، ويجب عليهم كذلك من خلال الوعظ والارشاد والتوجيه التأكيد دائماً على ابناءهم ضرورة قول الصدق. ويستطيع الآباء سرد القصص التي تبين مساوئ الكذب وما يترتب عليه من نتائج والتوضيح لأبنائهم مخاطر الكذب على الفرد والمجتمع ككل.

خامساً: التصحيح الزائد

وفي هذا الإجراء يطلب من الفرد إعادة الموقف كما كان عليه قبل الكذب. فعندما يكذب المراهق مثلاً يطلب منه إعادة القصة مرة أخرى أو مرات بهدف تعويده على قول الصدق (مديرية الصحة المدرسية، 1988).

سادساً:إحاطة الطفل والمراهق بالحب والرعاية والاهتمام وتعزيز ثقته بنفسه. يفترض بالآباء إعطاء الابناء قدراً معيناً من المسؤولية ومراقبة سلوكاتهم مع العمل على تجنب النقد والتهكم والعقاب الشديد للأبناء ولا سيما أمام الآخرين.

سابعاً: استخدام المكافئات والحوافز

يسهم التعزيز بأنواعه المختلفة المادية والاجتماعية والرمزية في تقوية السلوك

المرغوب به لدى الأطفال ويزيد من احتمالية تكراره لدى الأفراد وخصوصاً إذا كانت المكافئات والحوافز ذات قيمة وتأثير نفسي لديهم. فمن هنا، فأن تعزيز الطفل أو المراهق على سلوك قول الصدق بالمعزز المناسب يقوي مثل هذا السلوك لديه ويقلل من احتمالية سلوك الكذب لديه

التمرد والعصيان Disobedience

ينزع الأطفال والمراهقون إلى عدم الاصغاء والاستجابة لمطالب الكبار بشكل عام، حيث انهم في بعض الحالات يتلكئون في عمل ما يطلب منهم أو الاستماع إلى الأفراد والنواهي والنصائح ، وقد تكون مثل هذه المظاهر أمر طبيعي ينسجم مع خصائصهم النمائية. ولكن ما يلفت النظر أن هناك البعض منهم يتمادى في سلوك العناد والعصيان والتمرد وعدم الطاعة، ويأخذ العناد صورة أفعال من التمرد العنيفة والمعاكسة لإرادة الأهل وعلى نحو مقصود ومتعمد، مما يجعل من هذا السلوك مشكلة حقيقية تسبب الأذى والإزعاج للأهل وللآخرين المحيطين بهم. (شيفر ملمان، 1899).

يسود سلوك التمرد والعصيان لدى كلا الجنسين من الذكور والإناث ويكاد يكون أكثر انتشاراً لدى الذكور منه لدى الإناث ولا سيما في المجتمعات المحافظة، بسبب القواعد والعادات والقيم والمعايير التي تفرض على الإناث أدواراً اجتماعية وأنماطاً سلوكية معينة، في الوقت الذي تعطي فيه مساحة من الحرية وقدراً من التسامح مع الذكور.

أسباب التمرد والعصيان

تتلخص أسباب التمرد والعصيان فيما يلي:

أولاً: كثرة التساهل وعدم الجدية في التعامل مع الأبناء.

إن عدم الاكتراث من قبل اولياء الأمور وتساهلهم مع ابناءهم وعدم قول (لا) عندما يتطلب الأمر ذلك يعزز سلوك التمرد والعصيان لدى أبناءهم.

ثانياً: الإفراط في أساليب التهذيب القائمة على النقد والعقاب يولد لدى الأبناء رد فعل معاكس يتمثل في تحدي سلطة الوالدين وعدم الطاعة.

ثالثاً: كثرة التناقض وعدم التمييز بين ما هو صحيح وما هو غير صحيح لدى الأهل يولد لدى أبناءهم حالة من الصراع والحيرة، حيث تختلط عليهم الأمور مما تنعكس بالتالي في أنماط تكيفهم السلوكية واتجاه المواقف المختلفة التي يواجهونها.

رابعاً: المشاكل والخلافات بين الوالدين والتفكك الأسري يخلق لدى الأبناء الإحساس بالضياع وعدم الثقة بالآخرين، الأمر الذي ينعكس في بعض أنماط التمرد والعصيان.

خامساً: انشغال الوالدين عن الأبناء بسبب مسائل العمل او مشكلاتهم الخاصة يولد لدى الأبناء الاحساس بأنهم مهملون، أو أن والديهم لا يحبونهم وهذا بالتالي يولّد رد فعل معاكس لديهم يأخذ شكل العناد والتمرد.

سادساً: معاناة الأطفال والمراهقين من عوامل الكسل والتعب والمرض والجوع والغضب قد يدفع بهم أحياناً إلى عدم الطاعة.

الأساليب الإرشادية والعلاجية:

يمكن علاج التمرد والعصيان لدى الأبناء من خلال الإجراءات والأساليب التالية:

1- استخدام إجراءات التعزيز بأشكاله المختلفة مثل التعزيز الإيجابي والسلبي والتنويع في أشكال المعززات والمكافئات والحوافز ونظام النقاط لتعزيز سلوكات الطاعة لدى الأبناء.

2- استخدام إجراءات العقاب التي تقوم على الحرمان والعزل بالإضافة إلى التأنيب لسلوك التمرد والعناد.

3- إشعار الطفل أو المراهق بأهميته وتقديم الدعم والحب والاهتمام له.

4- استخدام نظام العقود من حيث إشراط سلوك الطاعة بأنماط سلوكية أو أنشطة مفضلة لدى الطفل أو المراهق.

5- بيان الأنماط السلوكية الصحيحة وتلك غير الصحيحة وتزويد الطفل أو المراهق بتعليمات واضحة وصريحة حول قواعد السلوك، ويجب على الوالدين عدم التذبذب في التعامل مع أبناءهم.

6- التجاهل. تشير نتائج الدراسات إلى أن تجاهل الأباء لسلوكات أبناءهم غير

الاجتماعية وعدم إظهـــار الاكتراث أو الاهتمام بها يقلل من هذه السلوكات لديهم.

7- الابتعاد عن الأساليب التربوية التي تعتمد على إنزال العقوبات الشديدة أو تلك التي تقوم على التهديد أو النقد أو التهكم، وهذا يتطلب من الآباء الابتعاد عن الأساليب الدكتاتورية والتسلطية في التعامل مع الأبناء، إذ يفترض بهم إعطاءهم مساحة من الحرية والسلوك المسؤول.

8- تعريض الطفل أو المراهق إلى نماذج إيجابية تمارس السلوك الطاعة وتشجيع الطفل على ممارسة مثل هذا السلوك وتعزيزه على ذلك.

أحلام اليقظة Day Dreaming

تسود لدى بعض الأفراد في مرحلة الطفولة المتأخرة ومرحلة المراهقة ظاهرة أحلام اليقظة ، حيث ينغمس هؤلاء الأفراد بالأحلام في أوقات من النهار يفترض منهم فيها القيام بأعمال حقيقية واقعية.

وتتمثل أحلام اليقظة في شرود الذهن والسرحان والتخيل غير الواقعي وقد تأخذ شكل رواية قصص يرويها الفرد لنفسه بنفسه أو التفكير المنطلق، المتحلل من القواعد المنطقية والاجتماعية. وعادة يلجأ إليها الأفراد كوسيلة دفاع للتخفيف من الانفعالات السلبية أو مشاعر النقص والدونيه أو للتعبير عن الدوافع والنزوات والرغبات الدفينة أو وسيلة للتمني الناتج عن الحرمان (اسعد، 1986).

تعد أحلام اليقظة ظاهرة طبيعية لا ضرر منها إذا كانت في حدودها المعتدلة وتتكرر في أوقات محدودة ومتباعدة، أما إذا كان هناك إفراط وإسراف فيها من قبل الأفراد، فعندها تصبح ظاهرة مرضية غير تكيفية تستدعي الانتباه من قبل أولياء الأمور والمعلمون، ذلك لأن الانغماس في أحلام اليقظة يعيق الفرد من الانتباه والتواصل مع المواقف الحقيقية مما يتولد عن ذلك التباس الواقع بالخيال، الأمر الذي يعيق الفرد من إدراك المواقف بشكل سليم ويؤثر في اداءه الأكاديمي وعمليات تواصله الاجتماعية.

الأسباب التي تؤدي إلى أحلام اليقظة:

هناك عدد من الأسباب تقف وراء انغماس الأفراد في أحلام اليقظة، ومن هذه الأسباب ما يلي:

1. الحرمان الشديد:

عندما يفشل الأفراد من إشباع حاجاتهم وتلبية مطالبهم واهتماماتهم بسبب عوامل مثل الفقر أو وجود عوائق تحول دون ذلك، فأنهم بالغالب يلجأون إلى أحلام اليقظة كنوع من التعويض لإشباع مثل هذه الدوافع والاهتمامات، ممثلاً ذلك بالانغماس في التخيل والتمني والاستغراق في ذلك إلى أطول وقت ممكن.

2. هروب الأفراد من الواقع

أن مثل هذه الأحلام هي أكثر إشباعاً من الواقع ولا سيما عندما يعاني الأفراد أثناء تفاعلاتهم اليومية الكثير من الإحباطات والمخاوف ومشاعر العجز والاضطهاد ولا يستطيعون مواجهتها على أرض الواقع، الأمر الذي يدفعهم إلى اللجوء إلى أحلام اليقظة كوسيلة لتجاوز هذه الصعوبات والتكيف مع المخاوف ومشاعر اليأس التي يواجهها، وبذلك فهي تشكل أداة للهروب من الواقع.

3. وجود الإعاقات الجسدية

يتولد عن وجود الإعاقات الجسدية مشاعر النقص والدونيه وتدني مستوى مفهوم الذات لدى بعض الأفراد، ومثل هذا الأمر يدفعهم أحياناً إلى الانكفاء على الذات والاستغراق في أحلام اليقظة من أجل تحقيق الشعور بالرضا والقوة والتفوق .

4. الخجل والجبن

يلجأ الأفراد الذين يعانون من مشاعر الخجل والجبن عادة إلى أحلام اليقظة كأداة لتعزيز الثقة بالنفس والشعور بالقدرة، ولا سيما أن مثل هؤلاء الأفراد لا يستطيعون التعامل مع المواقف الحقيقية لشعورهم بالعجز أو الخجل، وبهذا فهم يجدون في أحلام اليقظة متنفساً للشعور بالرضا والقوة (شيفر وملمان، 1999).

الأساليب الإرشادية والعلاجية:

من أجل التقليل من أحلام اليقظة لدى الأفراد يمكن اللجوء إلى الأساليب الإرشادية والعلاجية التالية:

أ. توفير البرامج الإرشادية المناسبة للأفراد الذين يعانون من صعوبة في التمييز

بين الواقع والخيال. قد تتضمن مثل هذه البرامج أنشطة هادفة تتطلب من الأفراد الانشغال بها بدلاً من الاستغراق في أحلام اليقظة. ومثل هذه البرامج تساعد الأفراد عن التقليل من الاستغراق في أحلام اليقظة وترفع من مستوى الكفاءة والاتزان لديهم.

ب. مناقشة محتوى أحلام اليقظة

يجب على الآباء والمعلمون مناقشة مضمون أحلام اليقظة مع الأفراد في بيئة تمتاز بالهدوء والتسامح والتقبل مع الابتعاد عن النقد والتهكم والسخرية من هؤلاء الأفراد.

ويفترض هنا تحديد الجوانب المنطقية والواقعية في مضمون هذه الأحلام وتلك غير الواقعية وذلك من أجل مساعدة الأفراد على الاتصال بالواقع.

ج. استخدام إجراءات التعزيز:

يمكن اللجوء إلى إجراءات التعزيز المختلفة لمكافئة الأفراد على الانتباه والإنتاج، إذ أن مثل هذا التعزيز يزيد من دافعية الأفراد على ضرورة البقاء على التواصل مع الواقع والابتعاد عن الخيال غير الواقعي وغير المثمر. وقد يتم استخدام أنواعاً مختلفة من المعززات المادية والاجتماعية والرمزية وفقاً لمبدأ التعزيز التفاضلي حيث يكافئ الفرد على الانتباه والإنتاج ولا يعزز على شرود الذهن وأحلام اليقظة .

د- التخطيط للأنشطة والتنويع فيها:

تزداد احتمالية انشغال الأفراد في أحلام اليقظة في أوقات الفراغ عندما لا يكون هناك موضوعاً ما يجذب انتباههم . فمن أجل التقليل من أحلام اليقظة لدى الأفراد يمكن التخطيط لأنشطة متعددة ومتنوعة، ومكافئة الأفراد على الانشغال بها مثل أنشطة اللعب والرسم ومجموعات العمل والنقاش وإلى غير ذلك من الأنشطة الأخرى التي تثير المتعة والاهتمام لدى الأفراد.

مصطلحات الفصل الثامن

Compasion	ود/ تعاطف
Coordination	تنسيق
Competition	منافسة
Day Dreaming	احلام يقظة
Discovery	اكتشاف
Distrubution	توزيع
Demands	مطالب
Dimensions	ابعاد
Empathy	تعاطف
Habits	عادات
Health	صحة
Lying	كذب
Nail Biting	قضم الاظافر
Negative Reinforcement	تعزيز سلبي
Negative Punishment	عقاب سلبي
Positive Reinforcemnt	تعزيز ايجابي
Positive Punishment	عقاب ايجابي
Self Abilities	قدرات ذاتية
Social Psychology	علم النفس الاجتماعي
Spicial Education	تربية خاصة
Thumb Sucking	مص الاصابع
Tolerance	تسامح
Truancy	هروب/ تهرب من المدرسة

المراجع

المراجع العربية:-

(1) ابو حميدان، يوسف. (2003) تعديل السلوك: النظرية والتطبيق، ط1. دار المدى للخدمات المطبيعية والنشر، مركز يزيد للخدمات الطلابية، الأردن.

(2) أسعد، مخائيل. (1986). مشكلات الطفولة والمراهقة. دار الثقافة، بيروت ، لبنان.

(3) جبر، فارس حلمي. (2004). التفاعلات الاجتماعية: التفاعل بين الفرد والاخر وبين الفرد والجماعة - تعلم العقول. في علم النفس العام. تحرير الريماوي، محمد عودة. دار المسيرة للنشر والتوزيع. عمان، الأردن.

(4) جوهر، أحمد. (2003) . التوحد: العلاج باللعب. الكويت.

(5) الحسين، اسماء عبد العزيز. (2002). المدخل الميسر الى الصحة النفسية والعلاج النفسي. دار عالم الكتب للطباعة والنشر والتوزيع. المملكة العربية السعودية.

(6) حمدان، محسن. (1982). تعديل السلوك الصفي. مؤسسة الرسالة، بيروت - لبنان.

(7) الخطيب، حمال.(1993). المشكلات التعليمية والسلوكية. الشارقة، الامارات العربية المتحدة.

(8)دبابنه، ميشيل؛ ومحفوظ، نبيل. (1984). سيكولوجية الطفولة. دار المستقبل للنشر، عمان ، الأردن.

(9) درويش، زين العابدين .(1999). علم النفس الاجتماعي: اسسه وتطبيقاته. دار الفكر العربي.

(10) الدنشاري، عز الدين سعيد.(2002). الجنين في خطر: الاسباب، التشخيص، الوقاية، ط2، دار الكتاب الجامعي، القاهرة ، مصر.

(11) الريماوي، محمد عودة. (1998). في علم نفس الطفل، ط2 ، دار الشروق للنشر والتوزيع، عمان، الأردن.

(12) الزغول، عماد عبد الرحيم. (2003). نظريات التعلم. ط1 ، دار الشروق للنشر والتوزيع. عمان - الأردن.

(13) زيغور، علي. (1984). مذاهب علم النفس، ط1، دار الاندلس للنشر والطباعة، بيروت، لبنان.

(14) السفاسفه، محمد ؛ وعربيات ، أحمد . (2005). مبادئ الصحة النفسية. مركز يزيد للنشر والتوزيع، الكرك، الاردن.

(15) شيفروملمان. (.(1999 سيكولوجية الطفولة والمراهقة: مشكلاتها واسبابها وطرق حلها. ترجمة العزة، سعيد حسني. مكتبة دار الثقافة للنشر والتوزيع ، عمان. الأردن.

(16) عبد المعطي، حسن مصطفى.(2001). الاضطرابات النفسية في الطفولة والمراهقة. دار القاهرة للنشر والتوزيع. القاهرة، مصر.
(17) عبد الـلـه، محمد قاسم.(2001) . مدخل الى الصحة النفسية، ط1. دار الفكر للطباعة والنشر والتوزيع . عمان - الأردن.
(18) القوصي، عبد العزيز.(1980). اسس الصحة النفسية. مكتبة النهضة، القاهرة، مصر.
(19) القويفلي، خليل ابراهيم.(2005). الغيرة عند الاطفال.
http://www.nafsany. com/showarticle. php? idd=20
(20) مراد، وليد .(2005). سلوك الغيرة عند الاطفال.
.http://www.nafsany. Sehha. com/mentalhealth/baby08. htm
(21) مديرية الصحة المدرسية. (1988). برامج في تعديل السلوك. عمان،الاردن.
(22) الهنداوي، علي؛ والزغول، عماد عبد الرحيم. (2002). مبادئ اساسية في علم النفس. دار الفلاح للنشر والتوزيع. الامارات العربية المتحدة، دار حنين للنشر والتوزيع ، عمان الأردن.
(23) يحيى، خوله أحمد. (2003). الاضطرابات السلوكية والانفعالية. دار الفكر للطباعة والنشر والتوزيع، عمان ، الاردن.
(24) يوسف، سيد جمعة. (1991). سيكولوجية اللغة والمرض العقلي. سلسلة عالم المعرفة، العدد 145 . الكويت.

المراجع الاجنبية:

Azarof, B.S., & Mayer, G.R. (1986). Achieving educational excellence. CBS (25) .Publishing. N.Y

Borg & Gall. (1983). Educational research. Longman, N.Y. (26)

screaning Risks of realities of early :Pathways uspstream (27) Bower, F. M. (1978). .139-131 ,4efforts. American Journal of the Psychiatry, 8

.Bacon &Allyn .(rd ed 3)،and adolescents ،children ،Infants .(2001) .E.L ،Berk (28)

(1984). Objective personality assessment. In G. .S.L ,rN., & Kelle.J ،Butcher (29) Goldst & M. Herson(Eds). Handbook of psychological assessment . Pergamon Press. N.Y.

rizio, H., & Mccoy, G. (1993). Behavior disorders in children, (3 rd ed). Cla (03(w Inc, N.Y.Ro & reHarp

(31) Corabell, A. (2005). Childhood disorders. http: // emmc. org/mental- Health/ .childhood Disorders. htm

(32) Costin, F., & Draguns, J. G. (1989). Abnormal psychology: Patterns, issues, interevntions. John Wiley & Sons.NY.

(33) Craig, G., & Baucum, D. (1999). Human development , (8 th ed). Prentice-Hall, Inc.

(34) Crain, W. (2000). Theories of development: Concepts and applications, (4 th ed). Prentice- Hall, Inc.

(35) Davis, S., & Palladino, J. (2004). Psychology, (4 eds th). Printice Hall. Inc. N.Y.

(36) normabay, R. E., & Oltmanns, T.F. (2000). Essentials of Emerl psychology. Prentice Hall, Inc.

(37) Erickson, M, T. (1998). Behavior disorders of children & adolescent: Assessment, etiology, and intervention (7 th ed). Prentice Hall, Inc.

(38) Exner, J. E. (1980). But it ص473-477, 44, Journal of Personality Assessment, s only an inkblot.

(39) Goldman, H.H. (1992). Review of psychiatry, (3 rd ed). Prentice Hall, Inc.

(40) Hallahan, D.P., & Kauffman, J. (1979). Exceptional children: Introduction to special education. Prentice-Hall, Inc.

(41) Hallahan, D., & Kauffman, J. (1982). Expectional children: Introduction to special education, (2 nd ed). Prentice- Hall, Inc.

(42) Heward, W. & Orlansky, M. (1988). Exceptional children: An introduction to special education, (5 th ed). Cahrles E Mellishing Co.

(43) F. (2005). File: // http: //www.alahsaa. net/ vb/ showthread./عادات الاطفال الضارة htm. (38) p? php = 2788. (2005).post 27884 # 3 4

(44) http://www. Iraqcenter. net/vb/index. php. (2005).

(45) http: // www. noo problems. Com/Vb/archive. index. php/t-6410.html. (2005)).

(46) 2005).t = 4091.php? www.q8mamar. com/vb/show thread. (http://

(47) Hughes, J.N. (1988). Cognitive behavior therapy with children in schools Pergamon Press. N.Y.

(48) Kessen, W., Cahan, E.D. (1986). A century of psychology: From subject to object to agent. American Scientist, 74, 640-649.

(49) Kirk, S. , & Gallagher, J. (1989). Educating exceptional children, (6 th ed). Houghton Mifflin Company.

(50) Kneedler, R. D., Hallahan, D. P., & Kauffman; J.M. (1984). Special education for today. Prentice-Hall Inc.

(51) Lazarus, P. & Strichart, S. (1986). Pscho- educational evaluation of children and adolescents with low - incidence handicaps. Gurne & Stron Int.c.

(52) Martin, G. , & Pear, J. (1988). Behavior modification: What it is and how to do it. Englewood Cliffs.

National Intituite of Mental Health . (2005). Working to improve mental health (53) through biomedical research on mind , brain , and behavior.

1861 .derPacer Center, (2001). What is an emotional or behavioral disor (54) Normanedlale BIvd.

- w & Olds S.W. (1992). Human development, (5 th ed). McGra..E ،D ،Papalia (55) Y.N .Inc ،Hill.

&Theories :bance in childrenrEmotional distu .(1992) .C ،Epanchin & ،.J ،Paul (56) or teachers. Merril Publishhing Co.methods f.

in the treatment at delinquency and anti- social ationci(57) Quay, H. (1975). Calssif ldren, vol I, Jossey- Bass.f chio behavior: Issues in the classification.

(58) Quay, H.C., Routh, D.R., & Shapiro, S. K. (1987). Psychology of childhood: From description to validation. Anual Review of Psycholoy, 38, 491-532.

Rhodes, W., & Tracy, M. (1984). A study of child variance conceptual models. (59) The University of Michigan Prss.

Rosenthal, T.L., & Akiskal, H. S.(1985). Mental - status examination. In M. (60) Plenum. N.Y. .Diagnostic interviewing ،(Eds)Turner .M.S & ،.Hersen.

The treatment of the anxiety disorders :sei(61) Scrignar, C. B. (1983). Stress strateg Y.N .Karger Pub.

disordered youth. Mosby ravioTeaching children with beh .(1978) .M .T ،Shea (62) Company.

oubled children. ch trae(63) Smith, D.D. & Luckassan, R. (1992). Introduction to t Prentice - Hall Inc.

lict. Mosby conf ni(64) Swanson, H. (1984). Teaching & strategies for children College Publishing,

(65) U.S. Department of Health and the Human Services. (1999). Mental health: A report of the surgeon general. Rockville. MD.

Woody, R.H. (1969). Behavioral problems childrem in the school: Recognition, (66) diagnosis and behavioral modification. Appleton Century Crofts. N.Y.

المراجع